Johann Vesque von Püttlingen (J. Hoven)

Johann Vesque von Püttlingen

BIBLIOBAZAAR

Copyright © BiblioBazaar, LLC

BiblioBazaar Reproduction Series: Our goal at BiblioBazaar is to help readers, educators and researchers by bringing back in print hard-to-find original publications at a reasonable price and, at the same time, preserve the legacy of literary history. The following book represents an authentic reproduction of the text as printed by the original publisher and may contain prior copyright references. While we have attempted to accurately maintain the integrity of the original work(s), from time to time there are problems with the original book scan that may result in minor errors in the reproduction, including imperfections such as missing and blurred pages, poor pictures, markings and other reproduction issues beyond our control. Because this work is culturally important, we have made it available as a part of our commitment to protecting, preserving and promoting the world's literature.

All of our books are in the "public domain" and many are derived from Open Source projects dedicated to digitizing historic literature. We believe that when we undertake the difficult task of re-creating them as attractive, readable and affordable books, we further the mutual goal of sharing these works with a larger audience. A portion of Bibliobazaar profits go back to Open Source projects in the form of a donation to the groups that do this important work around the world. If you would like to make a donation to these worthy Open Source projects, or would just like to get more information about these important initiatives, please visit www.bibliobazaar.com/opensource.

JOHANN VESQUE VON PÜTTLINGEN

(J. Hoven).

Eine Lebensskizze

aus Briefen und Tagebuchblättern zusammengestellt

mit Briefen von Nicolai, Löwe, Berlioz, Liszt u. A.

Seinen Freunden gewidmet.

WIEN 1887.
ALFRED HÖLDER,
k. k. Hof- und Universitäts-Buchhändler,
Rothenthurmstrasse 15.

Die nachfolgenden Blätter sind den Freunden des Verstorbenen gewidmet.

Aus fragmentarischem Material entstanden, sollen sie das in der Flucht der Tage nur allzuleicht verlöschende Bild des Dahingeschiedenen in der Erinnerung der Freunde beleben und das Andenken an eine reichgestaltete Individualität befestigen helfen.

Inhalt.

			Seite
I.	1760—1824.	Eltern und Kindheit	1
II.	1824—1832.	Entwicklungsjahre. — Reise nach Paris. — Heirath	16
III.	1832—1838.	Briefe an den Bruder. — Mission nach Paris	29
IV.	1838—1840.	Erste Oper: Turandot. — Mission nach Turin	45
V.	1840—1845.	Oper: Jeanne d'Arc. — Reise nach Leipzig und Berlin. — Bonner Beethovenfest	60
VI.		Künstlerische Beziehungen: Nicolai. — Löwe. — Schumann	79
VII.		Oper: Liebeszauber. — Berlioz. — Mendelssohn	100
VIII.		Das Jahr 1848	117
IX.		Ein Abenteuer Karl's II.	129
X.		Der lustige Rath. Briefe Liszt's. Die Heimkehr	138
XI.		Juridisches. — Mission nach Frankfurt 1863. Letzte Jahre	151

I.

Die Familie des Johann Freiherrn Vesque von Püttlingen stammt ursprünglich aus Frankreich und hat sich im 17. Jahrhundert in Belgien niedergelassen.

Der Urgrossvater, Jean Vesque de Puttelange, vertauschte eines seiner Güter, Puttelange in Lothringen, gegen St. Bredimus im deutschen Luxemburg. Das Prädicat Puttelange, später in Püttlingen verwandelt, ist aber seinen Nachkommen geblieben.

Dessen Sohn, ebenfalls Jean genannt, anfänglich Generalinspector der Domäne des Bisthums Metz, übersiedelte später nach Brüssel, um der von Maria Theresia neu eingeführten kaiserlichen Lotterie in den Niederlanden vorzustehen. Aus seiner Ehe mit Marie Cécile de Roquilly aus St. Michel im Duché de Bar entsprang ein einziges Kind, Jean Vesque, der Vater unseres Johann Vesque.

Im November 1760 zu Brüssel geboren und früh verwaist, wurde Jean Vesque de Puttelange von seinen mütterlichen Grosseltern in Commercy erzogen.

Nachdem er philosophische und Rechtsstudien in Löwen absolvirt und sich auf Reisen gebildet, trat er 1787 in den Staatsdienst.

Ende 1789 erfolgte plötzlich der Rückzug des General-Guberniums von Brüssel nach Luxemburg. Vesque, der vorläufig in Brüssel zurückgeblieben war, wurde als Anhänger des Hauses Oesterreich, nebst einigen andern, von den Insurgenten verhaftet und zwei Monate lang gefangen gehalten.

Frei geworden fand er bei der in Luxemburg zur Verwaltung der treu gebliebenen Provinzen eingesetzten Commission neue Verwendung. Nicht lange; im Jahre 1793 musste Vesque wieder seine Heimat verlassen und mit dem Personal des General-Guberniums wegen Annäherung des Feindes nach Wesel flüchten. Nach Belgien zurückgekehrt, wurde er 1794 nun endgültig zur Auswanderung gezwungen. Vesque begleitete den Transport des Brüssler Archivs zu Wasser durch Holland nach Düsseldorf und weiter bis Dillenburg im Nassauischen.

Dort wurde am 31. December 1794 das General-Gubernium aufgelöst. Vesque richtete nun seine Blicke nach Wien, unternahm auch die Reise, blieb aber in Folge der bitteren Winterkälte auf dem Wege dahin, krank in Frankfurt a. M. liegen und war erst nach zwei Monaten zur Weiterreise fähig. Inzwischen hatte der massenhafte Zudrang der Beamten aus den Niederlanden in Oesterreich die Sorge wachgerufen, dass die leerwerdenden Aemter den Einheimischen entzogen werden könnten, und zu einem Erlass geführt, welcher den Emigranten Aufenthalt und Ansiedlung in Wien verbot. Jean Vesque stand infolge dessen von seinem Vorhaben ab und begab sich nach Mailand. Auf eine kleine Pension reducirt durchwanderte er in den nächsten Jahren meist zu Fuss Italien, die Schweiz, Deutschland und Oesterreich.

Bereits in Belgien hatte Vesque eine Neigung gefasst, welcher die politischen Verhältnisse hemmend entgegentraten.

Die Familie seiner Braut, Therese von Leenheer, traf jedoch das gleiche Schicksal der Verbannung und als sich dieselbe nach Prag flüchtete, nahm auch Vesque dort seinen Aufenthalt.

Ende 1799 finden wir ihn in Korneuburg bei Wien eifrig, doch vergeblich bemüht, sich die Erlaubniss zum Aufenthalt in der Hauptstadt zu erwirken. Auch die Fürsprache gewichtiger Freunde, wie des Grafen Dietrichstein, fruchtete nichts. Der Ungewissheit, der eingeschränkten und thatenlosen Existenz müde, wählte Vesque unter mehreren ihm dargebotenen Stellen die eines Vorlesers bei der Fürstin Lubomirska in Polen.

Ueber die hohe Stellung, welche die Fürstin in der Welt eingenommen, schreibt Vesque nach seiner im Juni 1800 erfolgten Ankunft in Łańcut (Landshut) an seine Braut:

„La princesse est une femme de 65 ans à qui on en donnerait dix de moins, elle a beaucoup d'esprit, est fort vive, mais sa vivacité est tempérée par une bonté et une politesse peu communes. Elle a joué un grand rôle dans le monde, et elle était vraiment faite pour le trône; aussi peu s'en est fallu qu'elle n'y montât, et la nation polonaise voulait avoir pour roi le prince

Czartoryski son frère, lorsque l'impératrice de Russie fit élire par la force le roi défunt. Le prince Lubomirski, son mari, était aussi un des prétendans à la couronne, et il est mort grand maréchal, il y a 17 ans. Après sa mort, la princesse a voyagé avec le plus grand éclat dans les principales cours de l'Europe. Jusqu'au dernier partage de la Pologne, elle avait à sa solde une compagnie de grenadiers pour la garde de son palais à Varsovie et un piquet d'uhlans et de cosaques, aussi à sa solde qui accompagnait partout sa voiture. Elle a encore sa maison montée à Varsovie avec la plupart des officiers de maison nécessaires. Il en est de même à Krzeszowice où elle est maintenant, sans parler de 20 autres châteaux ou maisons, où il n'y a que des concierges et des économes."

In dem reichbewegten Leben auf dem Schlosse Łańcut waren bald die unglücklichen Reste der Armee Condé's bei der Fürstin zu Gaste, bald eine reizende jugendliche Prinzessin Potocka und Lubomirska, welch letztere, spätere Schülerin Vesque's, ihre Mutter in Paris auf der Guillotine verloren hatte. Der Zuzug an Aristokraten endete nicht. Vesque aber, durch die politischen Ereignisse weltscheu geworden, zog sich in die reichhaltige, an seine Wohnräume grenzende Bibliothek zurück, bemüht dieselbe zu ordnen und lebte fortan nur seinen Büchern und literarischen Arbeiten.

Doch mit Spannung horcht er auf jede Schwankung in den politischen Verhältnissen, von welchen der junge Fürst Heinrich Lubomirski ihn von Wien aus fortgesetzt in Kenntniss hielt. Vesque zittert vor einem Friedensschluss, durch welchen Belgien für Oesterreich auf immer verloren gehen würde, während seine Braut sehnlichst auf eine friedliche Lösung hofft.

Das Schwankende in den Stimmungen der unglücklichen Emigrirten tritt in einigen Briefen Therese von Leenheer's besonders hervor; sie mögen hier zur Charakteristik jener bewegten Zeiten Raum finden:

„Nous voilà beaucoup plus tranquilles à présent," schreibt Vesque's Braut aus Prag am 2. October 1800, „l'armistice est prolongé de quarante-cinq jours. S. M. l'Empereur est retourné à Vienne et on assure comme une chose positive que l'on est en négociation pour la paix, c'est la seule chose que nous puissions désirer pour le moment. Nous avons ici le fameux amiral Nelson accompagné de milord Hamilton et son épouse qui est une charmante personne, nous les avons très bien vus au spectacle, ils y ont été reçus avec beaucoup de distinction; c'était justement le jour de naissance de Nelson; à cette occasion le théâtre était très bien illuminé, on donnait une très jolie pièce, „Jules César", musique de Salieri. Cette pièce était assez analogue à cette fête, les nouveaux arrivés ont été reçus au bruit d'une fanfare et de beaucoup de vivats et d'applaudissements, la salle était si remplie de monde qu'on y était gêné.

Nelson est un homme d'environ quarante ans avec une figure très intéressante; il est d'une taille moyenne, son habit était couvert de crachats et médailles; mylady Hamilton qui était dans la même loge était couverte de diamants les plus précieux. Le lendemain ils sont partis d'ici pour retourner en Angleterre."

In einem weiteren Briefe vom 21. December 1800 lauten die Nachrichten:

„Les circonstances ont bien changé de face, il semblait que nous allions avoir la paix, mais le contraire est arrivé, les hostilités ont recommencé, nous avons beaucoup perdu dans les dernières affaires; les Français avancent du côté de Linz, l'émigration y est générale, nous ne savons ce que tout cela deviendra, notre seul espoir est dans l'archiduc Charles qui est parti d'ici le 14 pour commander l'armée, nous espérons tout de sa valeur; s'il n'avait pas quitté l'armée, nous ne serions pas au point où nous en sommes. Dieu veuille que cela finisse et que nous ayons la paix, car ces inquiétudes se renouvellent trop souvent, on n'est sûr de rien. Vous êtes bien heureux d'être là où vous êtes, au moins vous êtes hors de tout danger, il n'en est pas de même de nous, je crains bien que nous ne devions quitter Prague et où aller la saison étant si mauvaise? Enfin il faut s'armer de courage et faire ce que l'on peut; en attendant espérons que le siècle prochain sera plus heureux."

Acht Tage später, nach der Schlacht von Braunau:

„Nos affaires vont mal. Le 3, il y a eu une affaire près de Braunau, où nous avons, à ce qu'on dit, perdu 96 canons, etc., jugez du reste. Le 14, S. A. l'archiduc Charles est parti pour l'armée. Il y a des actions tous les jours. Le 20 ou 21, l'ennemi doit être à Linz. Le 22, le quartier général de l'armée Impériale était au-delà de Linz, à neuf postes de Vienne. Jugez de notre situation, cher ami! Nous sommes sur le qui vive; ce qui nous tranquillise un peu, c'est que d'après les feuilles d'Augsbourg la colonne qui menaçait ce royaume a été battue par le général d'Iblenau et repoussée au-delà.de Nuremberg. Tout ce qu'il y avait de militaire ici et dans le pays est parti, même la nouvelle légion qu'on a levée, dans laquelle tous les étudiants se sont enrôlés. Je vous ai marqué par une lettre du 21 de ce mois que les nouvelles étaient très mauvaises, mais elles n'étaient pas comme à présent. Ce que tout cela deviendra, on ne peut le deviner; la plupart des émigrés qui étaient à Linz en sont partis et y ont laissé leurs femmes. Il paraît que toutes les femmes des émigrés qui sont ici, ont pris le même parti; les dames du petit côté disent que pas une d'elles ne quitterait et que les hommes partiront. Il est bien difficile de prendre un parti dans ces sortes de circonstances. Nous ne sommes pas encore tout à fait décidés sur ce que nous ferons: partir, où aller? Rester, c'est pénible aussi!

Nous apprenons dans ce moment que les Français ne sont plus éloignés de Vienne; si on ne fait pas la paix que deviendrons-nous? Il n'y a pas encore de danger pour Prague, ainsi écrivez-moi sans crainte."

Ein Waffenstillstand folgte, der die erregten Gemüther beschwichtigte und auf einen baldigen Frieden hoffen liess.

Hierüber schreibt Therese von Leenheer unter 15. Jänner 1801 aus Prag:

„Nous voilà tranquillisés sur les événements depuis l'armistice; on ne doute plus de la paix, il est temps qu'elle se refasse et que nous soyons tranquilles: je ne saurais vous dépeindre, cher et bon ami, les inquiétudes et les angoisses que nous avons éprouvées; la consternation était générale et principalement parmi les Belges; la plupart avait résolu de rester, quand je vous ai écrit ma lettre du 29 décembre, il n'était pas encore décidé ce que nous ferions; notre première résolution était de partir d'ici pour aller vers la Pologne, c'était le seul endroit qui nous restait; si j'avais été seule, je m'en serais réjouie par le bonheur que j'aurais eu de me rapprocher de vous; mais quand je réfléchissais à la quantité de monde, à la mauvaise saison et aux froids auxquels nous allions être exposés, je frémissais d'avance. Enfin, cher ami, les choses ont changé de face, et j'espère qu'il ne sera plus question de ces vilains déplacements, qui ne font que ruiner les familles; je quitterais volontiers ce séjour-ci, mais pas pour des raisons aussi fâcheuses."

„Ce sera peut-être tant mieux," bemerkt Vesque betreffs des Friedensschlusses, „excepté pour nous pauvres Belges qui pouvons renoncer à notre patrie."

Der Friede von Luneville wurde 9. Februar 1801 geschlossen und wenn auch die Lage gegen diejenige nach dem Frieden von Campo Formio wenig verändert schien, regte sich in Vesque dennoch die Hoffnung auf baldige Rückkehr nach Belgien und auf Wiedererwerbung seiner heimatlichen Rechte. Die Aussicht erwies sich als nichtig. Während der einsamen Monate, welche Vesque mit dem Intendanten allein in Łańcut zubrachte, ist in ihm der Entschluss gereift, sich bis auf weiteres in Polen häuslich niederzulassen, ein Plan, der von der Fürstin bereitwillig gutgeheissen wurde.

Nach der am 3. August 1801 in Prag vollzogenen Vermählung begab sich Vesque mit seiner jungen Frau nach Polen zurück. Ein Jahr später jedoch verliess er Łańcut, als sich ihm beim Fürsten Alexander Lubomirski, in Opole, ein grösserer Wirkungskreis bot. In den letzteren Jahren hatte sich Vesque vorwiegend mit literarischen Arbeiten beschäftigt, u. a. eine Geschichte des deutschen Ordens in französischer Sprache geschrieben. Schon in Brüssel waren verschiedene seiner Dichtungen und Schriften erschienen:

„Le roi Guiot, histoire nouvelle, tirée d'un vieux manuscrit poudreux et vermoulu," ein während seiner Haft entstandener satyrischer Roman, ferner „Olinde et Sophronie, poëme en deux chants tiré et imité du second Chant de la Jérusalem délivrée du Tasse," „Idées jetées sur la Constitution du Brabant", u. a. m. In Opole nun leitete Vesque die Erziehung der jugendlichen Prinzessin Rosalie Lubomirska, die, wie ihr Bruder Friedrich, mit schwärmerischer Liebe an ihm und seiner jungen Lebensgefährtin hiengen. Prinzessin Rosalie wurde die Taufpathin des ersten Sohnes Jean, unseres Johann Vesque, welcher zu Opole am 23. Juli 1803 zur Welt kam; sie war es auch, die ihn in späteren Jahren dazu anregte, seine ersten Lieder zu veröffentlichen.

Von Seite der französischen Republik war die Aufforderung an Vesque ergangen, bestimmt zu erklären, ob er in Folge der Vereinigung Belgiens mit Frankreich entweder als Franzose oder als ein Fremdling auf französischem Boden gehalten werden wollte. Vesque wählte das letztere.

So war für ihn die Brücke zur Vergangenheit abgebrochen,

und ihm die Möglichkeit einer Rückkehr in seine Heimat, wie ein Geltendmachen der Ansprüche, die er noch zu erheben hatte, benommen. Die Revolution hatte die Familie um Hab' und Gut gebracht. Als 1804 das Verbot, welches den Emigrirten den Aufenthalt in Wien verwehrte, aufgehoben wurde, begab sich Vesque dahin. Er hat alsbald Verwendung gefunden beim landesfürstlichen Hofcommissariate. Bald darauf ist er Hofsecretär beim Oberstkämmereramte geworden und 1808 Kanzleidirector daselbst.

In den aufregenden Zeiten der französischen Invasionen von 1805 und 1809 war Vesque Tag und Nacht beschäftigt, die Hauptcorrespondenzen mit französischen Machthabern und die Protokolle über die mit den französischen Intendanten abgehaltenen Sitzungen zu führen.

Die Offenheit und Bestimmtheit seiner Sprache erwarben ihm dabei die Achtung selbst der französischen Autoritäten. In den Jahren 1814—1816 hat er auf den Reisen, zu welchen ihn bald der Krieg, bald der Hofdienst zwang, Paris, Venedig, Mailand wiedergesehen und während der Congresszeit leisteten dann seine Sprachkenntnisse erhebliche Dienste. Er besass die Freundschaft und das volle Vertrauen des Oberstkämmerers Grafen R. Wrbna, der Vesque's geraden ehrlichen Sinn — un cœur droit nannte er ihn — praktische Talente und Thatkraft wohl zu würdigen verstand. Während Vesque's siebzehnjähriger Thätigkeit als Kanzleidirector und Schatzmeister, seit 1818 als Hofrath, übertrug Graf Wrbna demselben während seiner wiederholten langen Abwesenheiten vollständig die Leitung des Oberstkämmereramtes. Nach Wrbnas 1824 erfolgten Tode wurde der Hofrathsposten aus Ersparungsrücksichten aufgehoben. Vesque erhielt dafür die Stelle eines ersten Custoden an der Hofbibliothek. Dieser Stellung gemäss thätig, begann er einen beschreibenden Katalog in lateinischer Sprache der in derselben befindlichen Incunabeln, als er 1829 jählings vom Schlage gerührt gestorben ist.

Johann Vesque wurde wie erwähnt als erster Sohn am 23. Juli 1803 in Opole in dem Schlosse des Fürsten Alexander Lubomirski geboren, doch kam er kaum dreiviertel Jahre alt nach Wien.

Vielversprechende Anlagen und Liebe zur Musik zeigten sich frühzeitig bei dem Knaben, der bereits in seinem sechsten Jahre leichte Stücke, wie u. a. die Molinara von Paisiello seiner Mutter zum Gesang begleitete und in den Musikalien des Hauses eifrige Rundschau hielt.

Doch auch das freie Herumtreiben auf den damals weiten Spiel- und Tummelplätzen der Jugend nahm glücklicherweise keinen kleinen Raum in dem Leben des Knaben ein. Die Glacis, die zahlreichen Gärten auf der Landstrasse und die sich daranschliessenden Felder boten unseren Grosseltern und Eltern Platz zu Spiel und Ernst aller Art.

Das Käfer- und Pflanzensammeln legte hier den Grund zu einer nachhaltigen Vorliebe für Entomologie und Botanik. „Insecten, Eutropius, Horatius, Musik" zählt er als eilfjähriger Knabe unter seinen fortlaufenden Beschäftigungen auf. Sein um 1½ Jahre jüngerer, während der Belagerungs-Unruhen geborener Bruder Charles, in dem sich später neben einer soliden musikalischen Anlage ein schönes Malertalent entwickelt hat, war ein stilles kränkliches Kind.

Als der Vater Vesque 1815 den Hof nach Italien begleitete, begann eine Leidenszeit für Jean; sein Aufenthalt im Löwenburgischen Convict. „Das Convict gefällt mir gar nicht", klagt er, „wir lernen nichts, essen wenig, spielen nichts, unterhalten uns wenig." — „Es ist unbeschreiblich, was ich da litt," fügt er an anderer Stelle hinzu. Die Sehnsucht nach der geliebten Mutter zehrte an ihm, der Vater aber, der auf strenge Disciplin hielt und in einer ernsten Schulung eine Lebensbedingung für spätere Jahre sah, war nicht so bald zu erweichen. Die grosse Kränklichkeit der Mutter mochte wohl dazu beitragen, während der Abwesenheit des Vaters eine Entfernung des übersprudelnden Knaben wünschenswert zu machen.

Bald nachdem Jean das elterliche Haus verlassen, schrieb der Vater an denselben:

1.

Mon cher Jean! Vous voilà où j'ai dû enfin vous mettre, non pour vous punir, mais pour vous apprendre à obéir, à vous conformer aux volontés des autres, et à régler les vôtres, car c'est là tout l'art d'être heureux dans la vie. — On y doit obéissance aux lois et à ses supérieurs, condescendance et complaisance à ses égaux, ménagements et égards à ses inférieurs. — En remplissant ces devoirs on écarte, autant qu'il est en nous, tout ce qui

peut nuire à notre bonheur. — Vous êtes maintenant sorti de l'enfance, et la nature vous a donné des moyens qu'il serait honteux de négliger. — N'ayez donc plus d'enfantillage au dessous de votre âge, et piquez-vous d'une noble émulation qui vous fasse acquérir et conserver l'estime de vos condisciples et l'amitié de vos maîtres.
Je vous embrasse en père affectionné,
V.

2.

Mon cher Jean, J'ai vu par votre première lettre que tout ne va dans votre pensionnat tout à fait selon vos désirs: c'est que c'est là précisément le cas dans lequel vous vous trouverez toute votre vie. — C'est pour cela qu'il faut se faire à tout de bonne heure. Vous aurez souvent encore une cuisine moins délicate, et des amusements plus insipides que ceux dont vous vous plaignez. Au reste j'apprends que vous vous conduisez bien et cela me fait plaisir. — Appliquez vous un peu au français: il est indispensable que vous le sachiez bien. Je vous embrasse et suis votre affectionné père.
Venise le 20 Novembre 1815.   V.

3.

Bravo, mon cher Jean! Voilà ce que j'aime. — Piquez-vous d'émulation, cela est noble et vous ferez des progrès qui vous surprendront vous-même agréablement. Appliquez-vous sérieusement au français, et ne vous contentez pas de le savoir comme un allemand. — C'est malheureusement la langue la plus indispensable à une personne qui veut être distinguée du commun. — Je vous embrasse.
le 26 Novembre.   Votre affectionné père
V.

4.

Bon courage, mon ami Jean! le printemps est arrivé; — le matin, à mon lever, une belle cigale se promenait sur ma robe de chambre. — Le temps des chasses va donc bientôt recommencer. En attendant, occupez-vous bien sérieusement de vos études. — Vous êtes non seulement dans l'âge, mais aussi dans la saison de le faire, avec fruit. Il s'agit du bonheur de la vie. — Etant grand, vous ne serez propre à quelque chose, qu'autant que vous y aurez travaillé maintenant avec ardeur; surtout point de négligence. — Le temps qu'on passe à étudier négligemment est un temps tout-à-fait perdu. — Il n'en reste rien. Voilà en quoi je suis un peu plus difficile que la plupart des maîtres. — Je veux qu'on étudie à fond, et ne me contente pas de ce qu'on n'a appris qu'imparfaitement. Mais nous parlerons de cela à mon retour. Je vous embrasse en bon papa.

Milan le 21. Fevrier 1816.

V.
Endlich im September 1816, nachdem Johann seine Prüfung glücklich bestanden, erlöste ihn der Vater aus dem Convicte, nahm ihn in sein Haus zurück und liess ihn im Gymnasium des Stiftes „Schotten" studiren.

Ein Kreis, vorwiegend emigrirte Belgier, hat sich im Hause Vesque gebildet. Unter den deutschen Namen, denen wir begegnen, war es vor allem Schreibers, Director des Naturalien-Cabinettes, an den sich der Knabe lebhaft anschloss. Schreibers förderte den strebsamen Studenten in seinem leidenschaftlichen Interesse für Käfer und Schmetterlinge auf freundschaftlichste Weise und liess ihn im Naturalien-Cabinette mitarbeiten. Bei Schreibers und bei Gyselin, einem belgischen Invaliden, der eifrige Naturstudien trieb, verbrachte der Knabe in Baden, fern von der strengen Aufsicht des Vaters, die schönsten Sommerzeiten. Feurig gab er sich dem Schmetterlings- und Insectenfange hin, aber auch seine Skizzenbücher füllten sich reichlich. Die sorgfältige Erziehung, welche Vesque seinen beiden Söhnen angedeihen liess, erstreckte sich auf alle Zweige des Wissens und der Kunst. Jean Vesque malte, zeichnete und radirte bei Fendi, der wohl als der erste Maler genannt werden muss, wenn von einer Wiener Schule die Rede ist. Fendi's Talent ist uns in seiner vielseitigen Eigenart ziemlich entfremdet und dennoch vermag man seinen Einfluss bis auf den heutigen Tag zu verfolgen. Fendi war gleichzeitig Maler, Kupferstecher, Medailleur und artistischer Leiter der kaiserlichen Porzellanfabrik; in jenen Zeiten war er so ziemlich das Um und Auf der bildenden Künste in Wien und gab überdies in allen höheren Kreisen Unterricht im Zeichnen und Malen.

Die Uebung in den Künsten nebst der eifrigen Lectüre französischer und deutscher Classiker füllten die nächsten dem Austritt aus dem Convicte folgenden Jahre aus. In seinen Tagebüchern folgen Romane, Reimspiele, Gedichte, Fabeln in ununterbrochener Folge, welche Jean entwirft, um seinen Stil in beiden Sprachen zu formen. Vor allem aber trat die Musik in ihre Rechte.

Von früher Kindheit an wurde mit dem Clavierunterrichte begonnen, doch verursachte die französische Invasion eine Unterbrechung des Unterrichtes, der Aufenthalt im Löwenburg'schen Convicte Hemmung der Fortschritte.

Erst 1816 begann eine ernste Schulung, zuerst bei Leidesdorf, dann bei Moscheles und als dieser zu des Schülers grossem Schmerz Ende 1816 Wien verliess, bei Worzischek.

Von seinem Vater zum Staatsdienste bestimmt, durfte Johann sich nicht ausschliesslich seinem wachsenden musikalischen Streben widmen; wie er aber alles spielend erlernte, so waren auch seine Fortschritte auf dem Clavier von schnellem Erfolg begleitet und er wirkte bald, nicht allein in den häuslichen sondern auch bei öffentlichen Productionen im Conservatorium mit, welchem er 1821 als Chorsänger, Klavierspieler und zugleich als Mitglied der Gesellschaft der Musikfreunde beitrat.

Allwöchentliche Musikabende versammelten das ganze musikalische Alt-Wien im elterlichen Hause Vesque. Hofkapellmeister Krommer, der Violinist Jansa, Moscheles, Worzischek, Mayseder, Leidesdorf, waren die Ausübenden, die zugleich als Componisten ziemlich vorwiegend das Programm bestimmten, in dem jedoch abwechselnd Beethoven, Mozart, Haydn und Cherubini nicht fehlten.

Auch die Theaterleidenschaft regte sich frühzeitig in Johann Vesque; sein Vater, ein eifriger Theaterfreund, trat ihm hierin nicht hindernd entgegen.

Der erste grosse künstlerische Eindruck in Vesque's Leben wurde ihm 1820 zu Theil durch das Auftreten des Ehepaares Stich.

Auguste Stich — später als Crelinger berühmt — gastirte u. a. als Donna Diana, Eboli, Maria Stuart und Jungfrau von Orleans. Ihr Spiel hat damals Vesque „unaussprechlich und göttlich" genannt.

Der heilige Johannes in seinem Zimmer wich dem Bilde der Künstlerin. Er besingt sie, schreibt ein fünfactiges Trauerspiel „Heinrich und Isabella", worin natürlich die Rolle der Prinzessin der Stich angepasst ist: „todten Stoff beseelte Prometheus mit himmlischem Feuer.

„Also schafft deine Kunst Leben ins todte Gedicht", ruft er nach der nur in seiner Phantasie vollzogenen Aufführung aus. Unter dieses Stück setzt er bereits den Namen Hoven, sein späteres

Musiker-Pseudonym. Es ist dies der Name einer grossväterlichen Besitzung gewesen.

Am 12. December 1820 nahm die Stich als Donna Diana von den Wienern Abschied; dieses Ereigniss ist in Vesque's Tagebuch mit jugendlich überschäumenden Versen vermerkt:

„Bist du schon wieder entgöttert, mein junges einförmig' Leben,
Ach der himmlische Strahl schwindet verlöschend dahin!
Kaum ist der Himmel geöffnet, kaum schwelgt die glückliche Seele
An der erneuerten Kraft eines entflammten Gemüths,
Schliesset der Himmel sich zu, verfolgt das Gemüthe, das alte,
Ruhigen Lebenslaufs sattsam betretenen Pfad.
Selig sah ich die Eiche ihr Haupt in die Lüfte erheben
Und bewunderte dich, silberne Welle des Stroms!
Fand in der Eiche das Bild des erhabenen Künstlers gezeichnet,
Dessen gebildeter Geist kaum noch die Erde bewohnt,
Sondern im göttlichen Flug in die ätherischen Höhen
Gleich ihrem Riesenast, kühn, übermenschlich sich schwingt.
Und der ruhige Strom, das Spiel der schäumenden Wellen
Ach es erfreute mein Herz, schaffte mir fröhlichen Sinn.
Jetzt bleib ich ruhig, gefühllos, nicht achtend der Dinge der Erde,
Jetzt ist ein Baum mir ein Baum, jetzt ist ein Fluss mir ein Fluss."

Lange nachdem das Künstlerpaar Wien verlassen, träumt Vesque noch von der „Jungfrau von Orleans", „die ihn dahin bringen werde, an christliche Wunder zu glauben." Er weiss nicht, ob die Stich, ob Schiller oder die Geschichte selbst es sei, die ihn so sehr interessire.

Im Januar 1821 spielte Charlotte Pfeifer aus München die Jungfrau von Orleans, zu Vesque's grösstem Missvergnügen:

„Derjenige, der Herrn Contin anhört nach einem Concerte von Mayseder, dem Worzischek etwas vorspielt, nachdem er Moscheles bewundert, der die von mir gemalte Nacht mit den Wölfen betrachtet, nachdem er den Tod des Ebers von Hamilton angeschaut, der kann sich einen deutlichen Begriff von dem machen, was ich empfand, als ich Mlle. Pfeifer in dieser Epoche spielen sah. Ich abstrahire von ihrer Gestalt im Genre der Madame Lambert, von ihrer unbedeutenden Physiognomie, ihren kleinen, unmerklichen Augen, ihrer alten, verbrauchten, unharmonischen Stimme, mit allen diesen Fehlern kann man eine grosse Künstlerin und Schauspielerin sein. Man ist es aber nicht, wenn man den Sinn seiner Rollen nicht tief studirt hat, keine Mimik und wenig Plastik besitzt, ungleich spielt und auf Knalleffecte spart."

Indem des Lebens Zweifel auf Jean Vesque eindrängen, macht er sich in mehr oder minder pessimistischen oder resignirten Aphorismen Luft:

„Ein Jüngling sollte gar keine Romane lesen. Sie ziehen den Zaubervorhang, der das Leben noch bedeckt, hinweg, und malen die kalte Wirklichkeit an die Stelle der heissen Phantasien, die in der Jugend ihr Wesen treiben. Ein junger Mensch, der erfährt, dass alle vor ihm getäuscht wurden, dass so viele Pläne und Vorbereitungen und Aussichten gar nicht in Erfüllung gehen oder ohne die gehoffte Wirkung bleiben, der wird bald unmuthig, niedergeschlagen, er wird vor der Zeit alt und bleibt ein gewöhnlicher Mensch."

„Es war eine Zeit, wo ich mich für einen Jungen hielt, der zwar weniger wusste als viele, aber auch mehr als viele, und im Stande war, vieles und alles zu erlernen.

„Die Zeit ist aus. Möchte ich doch wissen, was soll ich hier auf dieser schönen Erde mit meinen schönen Talenten und Fähigkeiten. Wenn man jemanden in ein Amt setzt, so sagt man ihm, du sollst Secretär, du Amtsbote sein. Aber wie mich die Natur hervorbrachte und auf diese Welt postirte, sprach sie kein Wort von meiner Sphäre und ich fürchte, dass, wenn ich jahrelang den Secretär mache, es zuletzt herauskomme, als sollte ich bloss Briefe herumtragen; dass ich zum Insectencustos, Miststierer, Baumschüttler und Schlammwühler verdorben bin, hat sich schon längst gezeigt: denn ich habe das Ding nur als eine arbeitsvolle Faulheit betrieben, auch nichts darin geleistet, keinen neuen Käfer entdeckt und keine Papillionsklappe verbessert."

„Ich habe so wenig für Entomologie Genie als für Mineralogie, die mich nie sehr interessirte. Ich schweige von den Wissenschaften überhaupt, aber die Künste! die Musik? Im Zeichnen werde ich's nie weit bringen, ich fühle zu sehr, was sein soll und was fehlt. Ach Gott! hättest du mich nur zum Dichter, sei es auch zu einem miserablen Liederchendichter gemacht. Ich würde meine Romanzen mit Selbstzufriedenheit hören, wenn sie der Harfenist Müller am Feuerwerksplatze absingen würde. Doch so! Und wenn ich nur ein Prosaist wäre, so ein gemeiner Kerl von einem Prosaisten, der in Prosa schreibt, weil er keine Zeit hat Silben zu suchen und eben deswegen auch seine Worte nicht sucht. Herr Gott! möchte ich' da schreiben, ganze Bücher voll, über Welt, Mensch, Kunst und Leben! Es gibt gewiss wenige, die so sehr ein Genie sein möchten, als ich; und die es so wenig sind, als ich."

„Es gibt keine drolligere Sache, als einen Diplomatiker sich zu denken, der zugleich Entomolog ist. Der Diplomatiker, dem Europa eine Familie ist, ein Königreich wie ein kleiner Hausgarten vorkommt und eine Hauptstadt wie ein Logement. Ein Entomolog, dem eine Wiese zehn Klafter lang und acht Klafter breit die Welt ist, der im Käfergewühle in einer Kuhflade eine immense Republik findet und der sich nicht zu fassen weiss, wenn zwölf verschiedene Schmetterlinge um ihn herumschwirren."

„On n'est jamais plus raisonnable que quand on vient de faire une sottise."

„Le mauvais nous fait plutôt rire que le bon."

„La splendeur des grands dépend de la volonté des petits."

„Bien des gens paraissent être fermes dans le malheur et ne sont que légers."

„Il y a une sorte de caractères assez communs. Ce sont des gens qui entrent par la fenêtre quoiqu'on leur ait ouvert la porte."

„L'amour donne souvent de l'esprit à qui n'en a pas, et l'ôte à qui en a."

„Il est plus dangereux de trop respecter l'opinion que de la braver."

„La bigotterie ressemble à la religion, comme un masque à la tête de Vénus."

„Chaque homme a une idée fixe qui est un billet de prénumération pour la folie. Quand cette idée fixe s'est enracinée de manière à ce qu'elle éclate et qu'elle donne la direction et la forme à la conduite, aux mœurs et au caractère de la personne qui en est affectée, on la nomme bizarrerie, et si elle concerne des choses futiles: sottise et bêtise. Ce n'est que quand elle vient à contrecarrer les règles de la bienséance et de la société qu'on la nomme folie."

Auch über religiöse Fragen legte sich Johann Vesque in seinen Tagebüchern Rechenschaft ab. Schon als neunjähriger Knabe hatte er seinen Lehrer gefragt, ob man den Inbegriff der wirkenden Naturkräfte als seinen Gott annehmen könne, ein Gedanke, den er ganz aus sich selbst schöpfte. Der Katholicismus wurde dem Kinde unter düsteren Farben eingeprägt; Beichte und Communion glichen zu sehr einer grimmigen Schulprüfung, so dass der Knabe eine vollkommene Freude und Beruhigung darin nicht finden konnte.

„Die Strenge, unter welcher gewisse Leute mir Gott gemalt hatten," schreibt er 1820, „die Angst, die mich beim kleinsten Vergehen befiel, der stete Widerspruch zwischen dem unschuldigen kindischen Treiben und der kalten ernsten Religion verbreitete eine grämliche Melancholie über meine Kinderjahre. In der Philosophie stiess ich bei jedem Schritte an, die Vernunft und der Formalismus passen wie Hund und Katze zusammen; ich war ein grosser Freund der Vernunft, des Vernünftelns und Raisonnirens, ich fand im Katechismus, dass die Zweifler und Raisonnirer Ketzer seien, dass die Braven nicht in den Himmel eingehen werden und derlei mehr; ich hatte im Convicte die Infallibilität und unbegrenzte Moralität der Geistlichkeit, Lehrer und hohen Beamten, an die ich sonst mit Leib und Seele geglaubt hatte, schätzen gelernt, Inconsequenz zwischen dem Grundsatz und der That, wenn sie nicht durch eine heftige Leidenschaft hervorgebracht wird, kann ich nie verzeihen; — ich riss mich los!"

Es bildete sich eine eigene persönliche Beziehung zwischen dem Kinde und Gott. „Wenn ich auf einen Schmetterling Passion hatte, so betete ich zu Gott, er möchte ihn mir in die Hände liefern, meistens geschah es. So ein Insect war dann eine Quelle des Nachdenkens, des Studirens, des Genusses, ein Unterpfand, das mir Gott zum Zeichen seiner Güte gab. Fest war ich überzeugt, nach dem Tode von einem Planeten zum andern zu wandern. Alle Genüsse der Himmel glaubte ich im Studium der Naturgeschichte finden zu können. Wenn ich mit einem geliebten Freunde mich unterhielt, so erwachte oft der Wunsch, dass wir plötzlich sterben möchten, um ewig ungetrennt die Unterhaltung fortsetzen zu können.

„Die Träume sind verschwunden, die thörichten Träume, aber auch die anderen, die vielleicht keine Träume sind, deren ich mich vielleicht nicht zu schämen brauche. Vielleicht! Da liegt es — der Skepticismus ist eine traurige Sache."

II.

Im Jahre 1822 zog Johann Vesque auf die Hochschule und begann Jura und Cameralia an der Wiener Universität zu studiren. Der akademische Bürger tritt mit seinen Ansprüchen, mit seinen Hoffnungen, mit seinen Illusionen in das sociale Leben ein. Wenn auch die erste Zeit in rastlosem Suchen nach dem Wahren und Edlen in der menschlichen Gesellschaft vergangen ist, so bleibt doch die Enttäuschung nicht aus, die sich Vesque's angesichts der ihm widerstrebenden Oberflächlichkeit und Aeusserlichkeit der schöngeistigen Cirkel bemächtigt. Namentlich die Pflege der Musik ist ihm nicht strenge genug. Die Beschreibung eines Concertes bei dem Präsidenten N... wirft ein Streiflicht auf die damaligen gesellschaftlichen und Kunstzustände.

„Alles war so steif, so abgemessen, so studirt, dass ich kaum glaubte es bis ans Ende mitmachen zu können. Und doch war die Musik selbst herrlich, die ersten Künstler unserer Stadt führten die Meisterwerke der besten Compositeurs auf, allein wie wenige wurden davon ergriffen. Ein Herr der während des schönen D.-Quartetts von Mozart neben mir stand, gähnte in einem fort, und sagte, er könne als Beethovianer kein Mozartisches Quartett goutiren. Eine Arie von Weber machte Fiasco, weil eben mehr Italiener als Deutsche dort waren. Ein junger Mensch schwatzte mit mir ein Langes und ein Breites über Rossini's und Beethoven's Verdienste, die er in eine Parallele zu setzen trachtete. Ich merkte gleich, dass er nichts von Musik verstand, als er aber behauptete, dass es schwer sei, eine Fuge auf der Violine pizzicato zu spielen (er meinte eine Scala staccato), so riss mir die Geduld und ich rettete mich ins Nebenzimmer. Der Präsident, der erfahren hatte, dass ich singe, zwang mich, etwas zu singen; ich war verstimmt, ich wusste nicht was ich wählen sollte, diese musikalischen Affen zu ergötzen. Rossinische Melodien wären das Wahre gewesen; ich war aber viel zu ernst aufgelegt; ich hatte an diesem Tage eben „Johanna d'Arc" wieder gelesen und kam gar nicht aus meiner ernsten Stimmung; endlich fing ich an, die „schöne Minka"*) zu singen. Die Wahl dieses Thema's machte Furore, weil die meisten, wie sie mich hernach versicherten, Variationen darüber zu Hause spielen; es war ihnen also zu Muthe, als wenn man ein bekanntes Gesicht in einem Volksgewühle gewahr wird. Alles klatschte, als ich endete, alles rief bravo; das war es aber beim Himmel nicht, was ich wünschte; ich wollte Thränen und Rührung sehen und nicht Schmeicheleien hören. Diejenigen, die mir am meisten ihr Compliment machten, waren gerade jene, in deren Mienen nicht die geringste Veränderung vorging, als ich sang.

Ich begreife, warum ein Concert so etwas Ennuyantes für Euch ist, ihr armen Menschen! Warum habt Ihr durch Eure Affectation und Eure Stutzerkünste jedes reine natürliche Gefühl in Euch abgestumpft; warum habt Ihr um Euer Herz ein Bollwerk von Manier und Künstelei aufgepflanzt, durch das nichts dringen kann, als was die Farbe Eures „bon ton" trägt.

In Euch wird nimmermehr die Saite süsser Rührung erklingen, Ihr habt sie zerrissen; Ihr werdet nie im Buche der Natur den Abdruck jenes Geistes lesen, von dem Ihr selbst ein Theil sein könntet, wenn Ihr Eure Würde nicht so thöricht verscherzt hättet; Eure Augen sind erblindet."

Am 5. Jänner 1826 schreibt er folgendes Bekenntniss in sein Tagebuch:

„Die Grundlage meines Charakters bildet eine gewisse Solidität, welche verursacht, dass mich nichts mehr ungeheuer freut, noch ungeheuer schmerzt."

Dieser Indifferentismus heisst nicht viel, er ist aber doch das Einzige, was ein vernünftiger Mensch auf dieser Welt so für alle Tage haben kann.

Das Leben. Den Tod wünsche ich mir nicht mehr, wie ehemals, weil ich noch manches hier zu thun erblicke, das ich noch zum Spass mitmachen möchte; wie wenn man ein schlechtes Haus verlässt um einen Palast zu bewohnen, doch noch gern im ersteren den miserablen Garten und die elenden Gemächer alle besichtigt. Aber vor dem Tode fürchte ich mich nicht, auch nicht durchaus vor dem Sterben: an einem entkräftenden Nervenfieber,

---

*) „Die schöne Minka," böhmisches Volkslied.

eines schönen Maimorgens im Grase des Krapfenwaldl's*) zu entschlummern, muss himmlische Wollust sein.

Die Religion. Die christliche Moral ist himmlisch, und das Evangelium verachten weil man sich an Kant hält, ist so albern, als zu vergessen, dass ohne das römische Recht es kein bürgerliches Gesetzbuch gäbe. Aber gebetet habe ich schon lange nicht; ich bin zu trocken jetzt, um mich jenen Ergiessungen überlassen zu können, wie in meinen Jünglingsjahren; ich bin zu wenig allein und zu viel odios beschäftigt.

Im Singen geht es langsam. Dass ich nicht „g" singen kann, disgustirt mich, zwar nehme ich's seit einer Woche bisweilen, doch Schönstein's Gesang**) belehrte mich, dass ich noch ein Esel bin. Meine Mechanik beim Clavier ist schlecht, im Adagio glaube ich mich unübertrefflich. Die Composition möchte ich können, meine Versuche sind nicht unglücklich.

Die Gesellschaft. Ich bin ziemlich fêtirt wegen meiner Talente; sonst spielte ich wohl keine grosse Rolle, höchstens durch meine Höflichkeit. In kleinen Cirkeln, wo ich lustig sein darf, haben mich die lustigen Leute gern. Schüchtern bin ich gar nicht mehr; kein passionirter Tänzer. Courmachen selten; ich kann keiner die Cour machen, die mich ennuyirt, und es ennuyiren mich so viele.

Der Ehrgeiz ist noch immer rege. Ich finde, hoher Rang ist Bedingung der menschlichen Freiheit wie Gesundheit. Liechtenstein kann heute Botschafter oder Canalräumer werden; ich kann weder Liechtenstein noch Botschafter werden. Sonst liegt mir nichts daran; ich habe mich mit Ministern unterhalten und bin Tags darauf beim Syndicus gerne gesessen, nur dass ich nicht frei wählen kann zwischen hoch und nieder, ärgert mich, und darum will ich hinauf.

Ich gestehe auch, dass ich einen Fond von Eitelkeit habe, ich war gewohnt, dass die Burgwache vor mir als Kind präsentirte; ist eine Schwachheit!***)

---

*) Vergnügungsort am Kahlenberg bei Wien.

**) Frh. v. Schönstein, berühmter Schubertsänger aus der Wiener Gesellschaft.

***) Zu jener Zeit waren Ehrenbezeigungen des Militärs zwar durch das Theresianische Reglement sehr umständlich vorgeschrieben, doch schloss die Aufzählung der Personen, denen die Ehrenbezeigung gebürte, mit den Worten: „und wem sonst von Standespersonen sich der Wachthabende hiezu für obligiret hält."

In dem Masse als die Vorarbeiten zu den Rigorosen Vesque's angespannte Thätigkeit in Anspruch nahmen, musste die Musik und alle weitern künstlerischen Regungen zurücktreten. Vielleicht liegt hierin der Grund zu einer Einbusse an unmittelbarer geistiger Frische, die sich in seinen Briefen aus den Jahren 1826—1827 äussert: „Wie oft," klagt er einem Freunde, „kommt mir ein Compositionsgedanke in den Kopf, wenn ich gerade darüber nachdenke, ob der Acceptant dem Giranten die Einwendung entgegensetzen darf, und ich muss diesen Gedanken fahren lassen, und vergesse ihn, so schön er ist." Erst Ende 1826, nach Vollendung des vierten Rigorosum, berichtet er, dass er wieder componire.

Im Juli 1827 fand die Promotion Vesque's zum Doctor beider Rechte sub auspiciis imperatoris „unter Trompeten- und Paukenschall," mit all dem Pomp und Prunk einer vormärzlichen Auspicial-Promotion statt.

„Nur soviel sage ich Dir," schreibt er darüber an einen Studiengenossen, „dass ich eine schwere Rolle spielte, besonders als ich mit dem Doctormantel bekleidet, die Rede von der Kanzel ablas und dann nach drei tiefen Verbeugungen mein Buch*) auf die Stufen des Thrones legte, hierauf drei Verbeugungen rücklings machte, dann zwei dem Grafen Saurau, dem ich auch ein Buch überreichte. Da ich von Kindheit auf an Productionen gewöhnt bin, so war ich nicht verlegen und blieb kaltblütig."

In jenem selben Sommer traf Vesque wiederholt bei dem grossen Liedersänger Vogl mit Schubert zusammen.

Schubert brachte die frischentstandenen Compositionen mit und Vogl liess in seinen Gesang belehrende Bemerkungen über Auffassung und Vortrag des Liedes einflechten. Unter dieser Einwirkung bildete sich Vesque's Vorliebe für das Lied aus und wurde Schubert darin sein bleibendes Ideal. Auch sind bei ihm Vogl's Rathschläge auf fruchtbaren Boden gefallen. Nicht allein seine reizvolle wenn auch kleine Tenorstimme, das Schöpferische in der Reproduction vor allem war es, das Vesque's Gesang bis in sein spätes Greisenalter so ergreifenden Eindruck hervorbringen liess.

Nach der Promotion trat Vesque im Herbste 1827 in den

---

*) Die Inaugural-Dissertation „Die Darstellung des bürgerlichen Gesetzbuches".

Staatsdienst. Obgleich er die Cumulation einer Amtsstelle und der vorgeschriebenen Gerichtspraxis zu überwinden hatte, verfolgte er nicht nur das Kunstleben Wien's, sondern lässt sich gerne mit fortreissen von der „musikalischen Wuth", welche, wie er schreibt, das damalige Wien ergriffen hatte. Im Gesange vervollkommnet er sich bei Ciccimarra und jede Regung des musikalischen Lebens findet in ihm einen aufmerksamen Beobachter, jedes musikalische Ereigniss einen enthusiastischen Verehrer der Kunst.

Ein Ereigniss waren für Wien Paganini's Concerte, ein Ereigniss, welches heute noch nachklingt bei einer Generation, die Paganini nicht mehr gehört hat, darum möge ein Brief Vesque's über das Spiel dieses Geigen-Zauberers hier Raum finden:

„Freund! ich habe den Paganini spielen gehört. Stelle Dir das Höchste der Kunst vor, die unbegreiflichste (im ganzen Sinn des Wortes) Mechanik, der Vortrag des besten Sängers, und Du hast noch keinen Begriff von der Ausserordentlichkeit seines Spieles. Er hat ein Concert bloss auf der G-Saite gespielt, welches ihm Mayseder auf allen vier Saiten nicht nachspielen wird. Alle hiesigen Violinspieler sind muthlos und desperat; Böhm äusserte sich, wenn er nicht vom „Geignen" leben müsste, so würde er es bleiben lassen; Schuppanzigk küsste dem Paganini öffentlich die Hand, Mayseder gestand ein kleines Kind zu sein" u. s. w.

Allen Kunsteindrücken, aller Arbeit ungeachtet, fühlte der zum Manne heranreifende keinen festen Grund unter seinen Füssen und sehnte sich schmerzlich nach der ihm entschwindenden „blauen Ferne" zurück. Er schreibt hierüber unterm 19. October 1828 an einen Freund:

„Du schreibst mir von dem Abgrunde, der zwischen Dir und Deiner Jugend liegt. Liebster Freund! das verstehe ich wohl und fühle es. Geht es nicht jedem so, wenn er in ein neues Alter tritt? Die Krisis fand bei mir 1826 statt, jetzt bin ich gesetzter und resignirt ein Mann zu sein, weil denn der Jüngling nicht mehr ist: Brüderlein fein, einmal muss geschieden sein! — Ich suche mich auf alle möglichen Arten zu trösten. Uebrigens ist's ein trauriges Gefühl, dazustehen am Ende der blauen Ferne, die man stets vor sich erblickte, und nun aufzuwachen aus seinen Träumen und statt der Hesperiden Gärten nichts zu finden als trockenes Ackerland, das man im Schweisse seines Angesichts bebauen muss, um Brot zu haben, und wenn man eine jugendliche Erwartung nach der andern schwinden sieht, und die kalte

Wirklichkeit dasteht und sagt: Fange an zu leben, du bist fünfundzwanzig Jahre alt, auf was willst du länger warten, und man nun alle Idealgemälde, mit denen die Phantasie unsern Gehirnkasten ausgeschmückt hat, und die feuerfarbenen Fahnen des Enthusiasmus wegräumen muss, als unnütz und bedeutungslos, wie der Feuerwerker sein Gerüst abbricht, weil Regen eingetreten ist. Indessen die Erinnerung bleibt uns, und der Drang nach dem Besseren. Der Jüngling glaubte das Bessere hier zu finden, auch der Mann gibt die Hoffnung nicht auf, das Bessere zu finden, aber „dort"; hier blüht kein Glück, das der Mühe wert ist; das „dort" tröstet mich."

Aehnliche Stimmung spiegelt das Tagebuch: October 1828.
— — — „viel ist schon erloschen an meiner Schwärmerei, aber der Funke glimmt noch, und die Hoffnung starb nicht ganz. Hat doch Bernardin de St. Pierre seine princesse Marie gefunden. Ist er aber dadurch glücklich geworden? Gleichviel! Er hat gelebt und geliebt; um Leiden ist das Schwelgen nicht zu theuer erkauft, und sollten die Schläge des Unglücks nicht leichter zu ertragen sein und schon den Trost mit sich führen, weil sie zur Kraft aneifern und zum männlichen Widerstande? während die öde Langeweile, die schale Einförmigkeit des Privatlebens zehrt und abmattet wie die Hektik und die Menschen zerstört. Nun so mag denn mein Gefühl für Macht, Wirkungskreis und Höhe Ambition heissen. Ich habe mich nicht so geschaffen. Ich weiss, ich kann meinen Charakter umarbeiten, jedoch nur negativ; ich kann ersticken den Drang in die Ferne, das Feuer dämpfen und die Ferngläser zerbrechen. Allein darum werde ich nicht besser und nicht glücklicher werden, denn ich werde ohne Leben und Feuer sein. Ich kann den Massstab zum Grossen nicht herabziehen auf's Kleine. Ich werde die Energie, mit der ich Diplomat wäre, nicht beim Bescheidschreiben anwenden. Der Mann, der sich auf der Reise eine halbe Stunde damit beschäftigt, meine Wagenlaterne zu repariren, der wusste Thätigkeit und Interesse auf eine Wagenlaterne anzuwenden. Das kann ich nicht. Das brauchst du auch nicht, das Landrecht ist keine Wagenlaterne. Für mich ja; es ist alles um mich herum so eng, so klein, so arm, so kümmerlich, nur in mir brennt es noch. O wäre der Sommer da, ich fühlte mich so gross unter den hohen Pappeln, die rauschen, und auf dem Gipfel eines Berges; ich sehe die Alltäglichkeit nicht immer um mich, wenn ich in die Natur hinausgehen kann."

Die Schlusstelle im Tagebuch von 1828 lautet:

„Die Hauptsache in dem heurigen Jahre, wenigstens in der letzten Zeit, ist männliche Resignation."

Dieser „männlichen Resignation" sollte er im nächsten Jahre gar sehr bedürfen. Als Jean Vesque und dessen Bruder Ende Februar 1829 von einem Hochzeitsballe heimkehrten, fanden sie den Vater, den man geladen geglaubt, noch nicht zu Hause. Die Söhne, durch dieses ungewöhnliche Ausbleiben in Angst versetzt, forschten nach, und fanden denselben in der Hofbibliothek ohne Besinnung auf dem Boden liegend. Es gelang nicht mehr, ihn ins Leben zurückzurufen.

Die an der Gicht darniederliegende Mutter ward von diesem Unglück, das sich nicht verhehlen liess, so heftig erschüttert, dass sie sieben Wochen lang zwischen Leben und Sterben lag.

— — „ich wusste überhaupt vor Kummer und Schmerz diese ganze Zeit nicht, wo ich eigentlich war," klagt der schwerbetroffene Sohn vom 7. Mai 1829 an einen Freund: „Nebstdem bin ich mit Geschäften überladen, mit meinen eigenen (worunter odiosissima), dann mit Landrechtlichem, woselbst ich zu allen wichtigeren Arbeiten verwendet werde; dann noch mit anderweitigen amtlichen Beschäftigungen, da ich als Actuar bei der Gesetzgebungs-Commission den Sitzungen über ein neues Gesetz in Gefällssachen beiwohnte und in drei Wochen sechs Rechtsprotokolle hierüber, jedes von zwanzig Bogen stark, lieferte."

Die Unglückssteuer, die er zu bezahlen hatte, war noch lange nicht abgetragen. Am 8. Juni 1829 schreibt er: „Ich sehe meine Mutter dahinsterben, unter fürchterlichen Schmerzen, ohne Hoffnung des Aufkommens, ohne Möglichkeit der Linderung und mit der traurigen Gewissheit, dass dieser Zustand noch monatelang dauern wird. Ich kenne mich auch selbst nicht mehr, all mein früheres Thun und Treiben, Welt, Theater, Spaziergang etc. ist aufgegeben und mein Leben verfliesst zwischen Bureausitzen und Krankenwarten, und allenfalls einem einsamen Gang ins Belvedere, Abends von 8½— 9½ Uhr."

Die häusliche Tragik beschloss der Tod der Mutter am 21. August.

„Stündlich denke ich an meine arme Mutter," heisst es im Tagebuch, „und ich sehe sie, wie sie leidend im Bette sass und mich traurig anblickte, weil sie meinen Schmerz über die Trennung selbst fühlte. O! warum ist jede Communication mit Jenseits verwehrt? Oft glaube ich Nachts, sie müsse mir erscheinen; ich habe in den gestirnten Himmel geschaut, in der Meinung, es sollten sich die Constellationen zu ihrem Antlitz gestalten, allein umsonst.

„Ausser Karl knüpft mich kein Mensch an diese Erde. Der Winter ist ungewöhnlich strenge und fing früh an. Das wirkt auch auf mein Gemüth. Ich werde in vier Monaten verreisen: das dürfte wirken. Die Apathie ist der beste Name für meinen jetzigen Zustand; mich freut nichts, und ich würde mich für moralisch todt halten, wenn mich nicht die Hoffnung tröstete, dass es anders werden wird. — Gebe das Gott und der Geist meiner guten Mutter! Auch deiner, o mein Vater! den ich mehr liebte, als du geglaubt! Wir haben uns hiernieden nicht verstanden! Wenn wir uns wiedersehen, soll ewige Harmonie uns vereinen! Wenn wir uns wiedersehen, — wenn"

Um sich in seinem Schmerze zu zerstreuen, componirte Vesque zum Text von Rossini's „Donna del Lago" eine neue Musik. Diese Oper „Elena, oder Donna del Lago" wurde im Frühjahr 1830, von einem Cirkel vorzüglicher Dilettanten bei Gelegenheit der grossen Ueberschwemmung im Marchfeld im Salon der Baronin Hess als Concert aufgeführt. Aber auch dies Erlebniss freute den tief Verstimmten nicht so recht, weil ihm die Mutter abging, um Theil daran zu nehmen.

Um diese Zeit wurde Vesque in der Familie des Hofrathes der ungarischen Staatskanzlei, Márkus von Eör, eines hervorragenden Juristen, eingeführt.

Für Vesque war bisher die Liebe nur eine Episode gewesen, wie er selbst sagt, „mehr eine Marginalnote, die man überschlagen kann, ohne dass der Sinn darunter leidet." Die jüngste sechszehnjährige Tochter des Hauses, Marie Márkus von Eör, war ihm eine liebe Erscheinung; sie sollte seinem Herzen bald ernstlich näher treten. Vorläufig aber richteten sich alle seine Gedanken auf eine bevorstehende Reise, die er nach den Niederlanden, London und Paris zu unternehmen sich entschlossen hatte.

Am 15. Mai 1830 traten Jean Vesque, sein Bruder Karl und ein junger Freund diese Reise an. Der Urlaub galt auf vier Monate. Einen kleinen hl. Johannes, den ihm Marie von Márkus im letzten Augenblick, nebst einem gestickten Beutel, zugeschickt, trug Jean als kostbare Reliquie um den Hals.

Die jungen Leute besuchten Bayern, Schwaben, den Rhein, die Niederlande. In London fand Johann Vesque bei seinem alten Lehrer Moscheles freundliche Aufnahme und kam im Juli 1830 in Paris an; Paris kam ihnen nach London todt und schmutzig vor; keine Gasbeleuchtung, keine Canäle in den Strassen, das Menschengedränge sogar geringer als in Wien. Sie besuchten Kalkbrenner, „einen artigen Mann, Schwärmer für die schönen Künste," der Jean Vesque als Aufmerksamkeit einen Flügel ins Hôtel stellen liess.

Vierzehn Tage verschwärmten sie in Paris, vom französischen Frohsinn mitgerissen; da wurde am 26. Juli die Kammer aufgelöst, die Pressfreiheit aufgehoben. In den Strassen sah man lange Gesichter. Am nächsten Tage schon ging es unruhig zu; die Leute gruppirten sich, Gassen und Häuser wurden von gens d'armes gesperrt, weil die Pressen und Journale ergriffen wurden. Im Palais royal versammelte sich eine ungeheure Volksmenge, welche die ungeachtet des Verbotes erschienenen Journale las. Gens d'armes und garde royale erschienen und trieben die Leute hinaus. Geschrei: vive la Charte! Das Palais royal ward geschlossen, die Leute stürmten, es wird Feuer gegeben und neun Personen erschossen. Vesque's fanden sich Nachmittags mit einigen Bekannten in der Passage Colbert zusammen; „auf einmal," berichtet Jean, „wird die Passage gesperrt, die Volksbewegung wird immer lebhafter, einen Todten trägt man durch die rue Vivienne, der Todte wird auf den Börsenplatz hingelegt; das Volk schreit vengeance und bewaffnet sich. Man hört überall feuern zwischen Volk und gens d'armes; das geht durch die ganze Nacht fort. Am nächsten Morgen den 28. Juli reissen sie die Lilien herab und die königlichen Inschriften; Boulevards und alle Strassen sind mit umgehauenen Bäumen, mit aufgerissenem Pflaster, umgeworfenen Wägen etc. etc. barricadirt." Jean Vesque möchte lieber ruhig in Paris die Ereignisse abwarten, aber die Andern drängen zur Abreise.

Fürchterliches Füsiliren den ganzen Tag lang. Nach vergeblichen Gängen zur Polizeipräfectur und zum österreichischen Gesandten Grafen Apponyi, den sie nicht finden, rennen sie, überall von Artillerie- und Infanteriechargen bedroht, über die Boulevards, vertiefen sich in unbekannte Gassen, wo sie einer Colonne frischer Truppen begegnen, und kommen endlich in einer Hitze von 26° in ihre Wohnung. Dort erfahren sie, dass der Louvre und die

Tuilerien mit Sturm eingenommen worden; dass in der rue Richelieu, St. Honoré, Palais royal, Rivoli, die Schweizer, Cuirassiere und Lanciers massacrirt werden.

Das Tagebuchblatt Donnerstag den 29. Juli berichtet:

„Die ganze Nacht wurde barricadirt in unserer rue Lepelletier. Es hiess, dass sie die Oper in Brand stecken und vom Montmartre kanoniren wollen; doch geschah es nicht. Ich bleibe moralisch ruhig, wenn auch meine Nerven zucken.

„Zuletzt kommt vielleicht die Guillotine und ich gehe zu meinen Eltern. Die Leute reden von pillage in den Häusern. Bei uns wohnen emigrirte Portugiesen, eine Spanierin, Engländer, Schweizer; ein préfet de la Martinique, der seine Flinte nimmt, um Schweizer zu schiessen. Wenn das einige Tage noch fortdauert, so gehe ich ins Feuer, denn so im Hofe auf und ab zu gehen, ist fürchterlich. — Es wird noch immer gefochten; gegen 12 Uhr stellt sich das 54. Linien-Regiment auf unserem Boulevard auf und sistirt das Feuern. Aus allen Häusern wird Brot und Wein gebracht. Die Truppen umarmen die Bürger und gehen über; einige Vorsichtige sagen: traut nicht, sie werden gleich wieder feuern. Auf das gehe ich heim. Plötzlich erneute fürchterliche Füsillade. Das Herz sank mir, denn eine solche atrocité nahm mir alle Hoffnung. Auf einmal kommt Charles und sagte, sie hätten ein Freudenfeuer in die Luft gemacht. Ich renne hinaus und sehe, wie die Truppen Baumzweige in die Gewehre gesteckt haben und unter dem „vive la ligne" marschiren, zum Laffitte, um dort zu transigiren. Später ritt ein Volksgeneral, wahrscheinlich Lafayette fils, unter der populace herum. Es wird noch im Palais royal gefeuert, sonst ist es ruhig. Abends hat das Fechten aufgehört, einzelne Betrunkene schiessen in die Luft; eine Kugel pfeift bei mir vorbei, wie ich um 9 Uhr Abends vor dem Thore stehe."

Freitag den 30. Juli: „In Paris wird nicht mehr gefochten, nur im Bois de Boulogne hört man noch schiessen. Eine ungeheure population wandelt in den Strassen herum; überall sieht man die dreifärbige Cocarde. Mit derselben geziert gehen wir, die Barricaden erklimmend, auf die place de la Grève.

„Wir suchen vergebens ins Hôtel de Ville einzudringen, um eine Erlaubniss, bei der Barrière hinaus zu gehen, zu erhalten. Lafayette ist in der Sitzung; man bescheidet uns auf morgen. Wir gehen auf die Préfecture de police und erhalten endlich unsern Pass vom gouvernement provisoire visirt. Hierauf versuchten wir's noch einmal auf der Grève, jedoch vergebens. Die Häuser dort sind von Flintenschüssen durchlöchert; noch stinkt es abscheulich von geronnenem Blute." Am 31. Juli früh lesen sie die neue ordre du jour, nach welcher man gehen könne wie man wolle, und verlassen sohin Paris, Jean Vesque ohne Widerstreben, da ihm Paris als eine moralisch und physisch schmutzige Stadt schliesslich doch widerlich geworden.

Die Summe seiner Erlebnisse schreibt Vesque am 24. August aus Frankfurt am Main an einen Freund:

„Glaubst Du, der Löwe schliefe, weil er nicht brüllte, und meintest Du, ich denke nicht an Dich, weil ich Dir nicht schrieb. O Irrthum! Wie oft habe ich nicht an meinen guten lebenslustigen Siegmund gedacht, in Brüssel, im Park in Amsterdam, auf der Nordsee, in London, im Parlament, in Paris, im Palais royal; hätte ich das alles mit Dir mitmachen können, zehnfach hätte es für mich gewonnen. Dass man auf Reisen keine Zeit hat, zu schreiben, das ist ein Axiom; wer das nicht begreift, muss vernagelt sein; indessen habe ich doch in Paris dem Freunde Karl eine geographisch-statistisch-historisch-fantastisch-tabellarische Uebersicht unserer Reiseroute mit dem Auftrag mitgetheilt, selbige nach gemachtem Amtsgebrauche Dir mitzutheilen. Ob er es auch gethan, und wenn er es nicht gethan, warum er es nicht gethan, dies kann ich hier in Frankfurt a. M. nicht wissen. Viel habe ich gesehen, lieber Freund! und hoffe künftiges Jahr Dir mündlich Manches zu erzählen. Das merkwürdigste, das mir arrivirt, ist doch gewiss die französische Revolution, die ich so ganz in ihrer Furchtbarkeit in der Nähe gesehen, gehört, gefühlt habe. Du magst wohl alle jene Facta in den Zeitungen gelesen haben, es gieng wirklich heiss zu.

„Ich versuchte es, einige Gänge zu machen, zur Polizeipräfectur, um einen Pass zu bekommen, den ich erst als alles aus war erhielt, zu unserem Botschafter, um seine Verhaltungsbefehle zu empfangen. Bei dieser Gelegenheit musste ich in der grössten Hitze herumrennen und alle Augenblicke reissaus nehmen, hier um einer Cavalleriecharge zu entgehen, dort damit mich eine gute Flintensalve nicht niederstrecke oder gar ein Kartätschenschuss, mit welchem die Strasse gesäubert wurde, nicht zu Brei zerreisse. Eines Abends wollte ich eine Dame über den Boulevard des Italiens führen (denn Galanterie spann sich auch durch jene

Schrecknisse fort) — kaum sind wir über der Ecke, so knallt eine décharge los, die verborgene gens d'armes auf das Publicum machen. Die Kugeln zischten bei uns vorbei und wir eilten retour nach-Hause. Eines anderen Abends trete ich vor's Hausthor, um zu sehen, was es gibt, paf! schiesst ein Hallunke los; wenn er der Freischütz gewesen wäre, so läge ich jetzt unter dem Monument beim Louvre. Wie lässt sich das Flinten- und Kanonenfeuer beschreiben, das Tag und Nacht vorgieng. Das Geschrei des empörten Volkes, das Gehammer der Arbeiter, die das Pflaster aufrissen und die Bäume fällten, und dann der Aufzug des Lafayette, durch eine Menschenmasse reitend, die einen schrecklichen und komischen Anblick darbietet, wie ein Roman von Hoffmann, oder ein Bild von Breughel, mit allen Waffen versehen, mit Flinten, Degen, Bratspiessen, Bajonnetten auf Besen aufgesteckt, mit abgenommenen Orden, Helmen, Kürassen geziert; sonst bloss mit zerrissenen Hemden und Hosen angelegt, alle mit drei Farben als Cocarde, als Blumenstrauss, oder auch mit blauer Blouse, rothem Kragen und weisser Schlafmütze. Und dann das Geschrei: Vive la Charte! A bas les Bourbons! — es war zum rasend werden. Da man nun nicht wissen konnte, was da kommen würde, da Gruppen herumgiengen, die vive Napoléon II, schrien, und wieder andere die liberté, égalité brüllten, à bas la noblesse et le clergé predigten, da man von einer Belagerung von Paris sprach und von einem Kriege mit Oesterreich und Preussen, da wir es endlich satt waren, die Verwundeten herumtragen zu sehen und all diese Anarchie anzuschauen, so ersahen wir uns den Moment, als Lafayette das Verbot aufhob, Paris zu verlassen, wir verschafften uns im Schweisse unserer Angesichter und mit Gefahr unseres Lebens, da noch immer hie und da gefochten wurde, unsere Pässe. Nicht möglich war es, wegen der Barricaden zu fahren oder zu reiten, wir gingen zu Fuss mit einem Nachtsacke zur Barrière hinaus, nahmen bei der ersten Post eine Postchaise, und jagten, ohne uns umzusehen, fünfzig Posten durch, nach Brüssel.

„Man hatte uns zwar sicher in Paris prophezeit, dass wir auf dem Lande erschossen würden, allein wir fanden die nördlichen Provinzen noch ruhig, da die Telegraphen gebrochen und keine Couriere dahin gelangt waren. In Brüssel fanden wir bei Bekannten unserer Eltern die freundlichste Aufnahme; nach acht Tagen schickte uns der Pariser Mandatar das Gepäck nach. Wir sind zu weit nach Norden gekommen, um an eine Schweizer Reise zu denken. Wir haben jetzt eine Reise nach Namur gemacht und sind auf der malerischen Maas nach Seraing und Lüttich gefahren. Von hier gelangten wir durch Chaudefontaine nach Spaa. In diesem berühmten Orte verweilten wir ein wenig, und reisten dann über Aachen nach Cöln, den Rhein und Main herauf nach Frankfurt. Morgen geht es nach Karlsbad und so werden wir von Norden nach Wien einfallen. Aufs Jahr muss es nach Süden gehen, wenn es ja möglich wird."

Das alte Gefühl der Vereinsamung überkam Jean Vesque bald von neuem. Immer mehr sehnte er sich nach einem Ersatz für die verstorbene Mutter, nach einem Wesen, das ihn verstand, „für das er zu handeln und zu reussiren wünschen könne." Sein Bruder, an dem er zärtlich hing, war für ihn „wie ein Planet, der aber nicht den Mond abgeben kann." Desto empfänglicher wurde sein Herz für den Jugendreiz und die kindliche Liebenswürdigkeit der übersprudelnd lebhaften Marie von Márkus, deren Bild Jean bald zu erfüllen begann.

Im Sommer 1831 brach die Cholera in Wien aus, und die Familie Márkus von Eör begab sich nach ihrem Besitzthum in Veszprim am Plattensee, eine Trennung, welche die beiden, die sich ihre Liebe längst gestanden, schmerzlich empfanden. Es folgte eine lange Werbung, welcher vom Vater Márkus, der durchaus nur einen Ungar zum Schwiegersohn acceptiren wollte, hartnäckiger Widerstand entgegengesetzt ward. Aber die beiderseitige Beharrlichkeit und leidenschaftliche Liebe behielt dennoch den Sieg. Nach fast einjährigem bangen Harren ward die schwer erworbene Braut Jean Vesque am 26. Juni 1832 in Wien angetraut und mit diesem Ereigniss begann für ihn ein neues Leben.

III.

In den ersten Jahren seiner Ehe zog Vesque sich von der Welt zurück und lebte, ausgefüllt vom neuen Glücke, der Familie, dem Amte und der Musik. Im Sommer 1833 begann er bei Simon Sechter, dem bewährten Meister der Contrapunktik, Unterricht zu nehmen.

„Heute habe ich Sechter besucht," schreibt Vesque an seinen Bruder, „er trägt keinen Zopf, wie ich mir vorgestellt hatte, sondern ist ein Mann von beiläufig 45 Jahren, mit einem guten Gesicht, der mir über Gegenstände, die auch nicht musikalisch waren, sehr vernünftige Urtheile hören liess. Er konnte nicht begreifen, wie ich, ohne Generalbass und Contrapunkt gelernt zu haben, bloss vom Ohr geleitet, meine Lieder componiren konnte. Seine Grundsätze sind, ein Musiker müsse die Grundregeln der Musik wissen; diese, im Kirchenstil und in der Oper anwendbar, sind dieselben; eine Messe bestehe nicht bloss aus Fuge, und in der Oper kommen auch Gebete vor. Als ich ihm sagte, er solle mir nur den Kirchenstil lehren, denn wenn man das Höchste kenne, sei es leichter, zum Niederen herabzusteigen, sagte er mir: Jenes ist nicht das Höhere, dieses ist nicht das Niedere, es sind verschiedene Wege, die aus einem Centrum, das man kennen muss, ausgehen.

„Am Samstag nehme ich die erste Lection.

„Den Lafont, violiniste de plusieurs potentats, habe ich gehört; ich kann nur sagen, der Mensch ist ein vortrefflicher Tenorist. Nur sollte er nicht bloss Variationen über Schweizer Liedeln, Potpourris u. dgl. spielen, denn mir sind solche Katarrhzelteln zuwider. Auch kann ich mich als Deutscher nicht recht gewöhnen, einen Künstler mit der Ehrenlegion decorirt spielen zu sehen; einen solchen Ritter und Violiniste de plusieurs potentats würde man sich kaum auszupfeifen getrauen, und wie kann man da stürmisch klatschen, wo man nicht auch pfeifen darf. In den Künsten schreie ich: Vive la république! Lafont soll im Salon der Chevalier sein, aber im Theater soll er mich an nichts Wirkliches erinnern."

„Mit Sechter bin ich fleissig und mache nicht unbedeutende Fortschritte," berichtet er bald darauf wieder dem Bruder; „was mich aber besonders animirt, ist der Antheil, den er an meiner Oper „Belagerung Wiens durch die Türken", Text von Zerboni di Sposetti, nimmt. Er räth mir nämlich sie aufführen zu lassen, da sie die glückliche Eigenschaft habe, deutsche Gründlichkeit mit italienischem Cantabile zu verbinden; er lehrt mich auch schon das Instrumentiren, und ich habe bereits das Gebet unter seiner Leitung für Flöten, Clarinetten, Fagotte und Horn gesetzt, das ist ein Genuss, wenn man so seine zwanzig Notenzeilen vor sich hat. Ich habe auch zwei Lieder von Egon Ebert mit Begleitung des Hornes gesetzt, heute kommt S. zu mir, um sie zu probiren.

„Im Kärnthnerthortheater gab man eine Oper von Gläser: „Der Adlerhorst". Schrecklich! Eine Musik wie in der Leopoldstadt, jedes Stück endet mit einem Dudelrefrain; es wurde wohl viel gezischt, aber was können die Zischer, die noch dazu unter Polizei-Aufsicht stehen, gegen solche wüthige Klatscher wie Herr P. und andere bezahlte Individuen."

Ein weiterer Brief an seinen Bruder vom 12. Juni 1833 mochte damals so recht der Ausdruck seines Innern gewesen sein:

„Nur eines muss ich berühren," schreibt er, „es ist die Stelle, wo Du sagst, was hab' ich gethan, was soll ich thun? nicht einmal meine Bahn ist mir vorgezeichnet. Liebster Bruder! Ich will nicht im Allgemeinen fragen: Wer hat in der Welt was gethan? Was hat Kaiser Josef gethan? Was Napoleon? Ist das Meiste was sie thaten, nicht vergessen oder zerstört? Ich will gar nicht so ins Grosse gehen, sondern frage: Wer hat in Oesterreich was gethan? in einem Lande, wo alles von selber geht, im Lande der Ruhe (glaube nicht, dass ich schimpfe), im Lande des Friedens, ja des Rechtes. Was hat P. gethan? Was M.? Haben sie nicht Bestehendes nach Bestehendem beurtheilt, Mechanisches geleitet, vielleicht viel gedacht, doch von diesen Gedanken neunundneunzig als nicht zeitgemäss, nicht ausführbar, nicht angenehm verworfen, und einen tant bien que mal ausgeführt. Was habe ich gethan? Ist das was, dass ich einen Katalog über Gesetzbücher schrieb, die vielleicht in zwanzig Jahren abrogirt werden? Ist das was, dass ich bestimme, wie viel der Erbe des Pfarrers Josef Ratz, Mortuar, an das Justiztaxamt, wie es in Füger geschrieben steht, zahlen soll. Ich bin kein Karthäuser, aber wenn ich in die Welt hinausschaue, so werde ich es täglich mehr gewahr: Alles, was für diese Erde geschieht, und wäre es ein Pyramidenbau, eine Wechselordnung, ein Handelstractat, alles ist eitel und vergänglich. Nur was auch mir in einer andern Welt nützen wird, das lasse ich gelten; es ist Bildung des Geistes und des Gemüthes, Kunst, Wissenschaft, Moral. Darin suche ich mich zu bilden und darin erkenne ich in Dir meinen Meister. Was hast Du nicht alles in Kunst und wissenschaftlichem Gebiete gelernt? Dass Du noch wenig gemalt und geschrieben hast, lässt sich ja noch einholen, und dann, was hier nicht geschieht, geschieht dort; seitdem ich „Selina" gelesen habe, kommt mir mehr als je vor, dass die hier erworbenen Kenntnisse und hier erregten edlen Gefühle jenseits nicht verloren sein, sondern dort erst recht zur Ausführung gebracht werden.

„Mit Sechter wühle ich recht in den Tiefen der Harmonie herum; keine None lasse ich unaufgelöst, auch sind schon mehrere pezzi favoriti (futuri) aus der Oper instrumentirt. Nur recht viel Posaunen, sagt — glaub' ich — Hopp im Othellerl."

Durch die Aufnahme Vesque's im Staatsrath wurde zwar seine amtliche Thätigkeit in eine höhere Sphäre gehoben, aber der musikalische Trieb musste bald darunter leiden. Er schreibt am 10. Mai 1834 an seinen Bruder:

„Dass ich erst heute Deinen Brief beantworte, liegt in der Lebensart, die ich jetzt führe, gegründet. Denke Dir, dass ich täglich um $8^{1}/_{2}$ Uhr ins Bureau gehe, dort bis $2^{1}/_{2}$ Uhr verweile und mich nach Tisch wieder bis $8^{1}/_{2}$ Uhr an den Actentisch setze und dies täglich, ohne Ausnahme irgend eines Sonn-, Norma- oder gebotenen Feiertages. Dieses Leben dürfte wohl noch lange Zeit, gewiss den ganzen Sommer, dauern, adieu Penzing*), Sechter und was sonst erhaben schien und wünschenswert. Indessen kann ich nicht sagen wie es mir vorkommt, der ich erst vor kurzem Mandate, Scontro, Tagsatzungsprotokolle, Vormerkungen vor Augen hatte, und nun Vormittags in der Staatskanzlei, Nachmittags im Staatsrathe bin, theilnehmend an den höchsten Angelegenheiten der

---

*) Vesque's Landaufenthalt bei Wien.

Monarchie. So wenig auch dieser Sommer dem Bilde entspricht, das ich davon entworfen, so arbeite ich doch muthig und mit Freude (neuer Besen) und soll schon merklich besser aussehen. Dienstag sagte Baron D. P., dem ich den Wunsch geäussert hatte, dem Fürsten Metternich vorgestellt zu werden, dieser habe geschafft, mich gleich, wenn ich komme, vorzulassen. Bei dieser Gelegenheit sollte auch Pratobevera und der Polizei-Hofsecretär Rotter vorgestellt werden. Wir deprecirten zwar, denn ich hatte ein braunes Frackel, weisse Pantalon und keinen Hemdkragen, Pratobevera zwar einen Hemdkragen, aber eine rothgestreifte Matrosenhose und Rotter zwar keine rothe Hose, aber eine grüne, einen merde d'oie Frack und carmoisinrothes Halstuch. Allein D. P. versicherte, es sei Sitte, dass Geschäftsmänner en négligé zum Fürsten gingen, und so brach denn der Zug, ähnlich einer Bande Nationalgardisten, alle Farben spielend, auf, stieg eine geheime Treppe hinauf, kam durch mehrere entrées interdites in einen grossen Saal voll Gemälde, Lithographien und anderen Artefacten. Der Fürst trat herein in grauen Pantalons und braunem Capüttel; er frug mich gleich: Sie sind der Sohn des Vesque. Ich dachte, Europa lauscht auf deine Antwort und antwortete: Zu dienen, Eure Durchlaucht. Dann liess sich der Fürst in Geschäftsdiscurs mit uns ein. Hierauf wurden wir entlassen und jeder ging zu seiner Arbeit."

An denselben: 21. Mai 1834.

Als ich neulich durch die Mariahilferstrasse ging, rief Ciccimarra aus einem Fiaker, ich solle ihm das Buch meiner Oper für den Duport (Theaterdirector am Kärnthnerthortheater) schicken, der darnach verlangt. Ich that es, weiss aber kein Resultat. Und das ist das einzigemal wo ich an Musik dachte, sonst spiele, componire und singe ich keine Note. Noch immer dauert meine sehr angenehme Stellung fort. Meine Amtirung ist in der Stadt ruchbar geworden, und machte mir viele Complimentirer und noch mehr Antagonisten.

Nun zur Beantwortung Deines Briefes. Du scheinst über Deine Carrière unentschlossen, hinsichts dessen sage ich: es ist jetzt das Traurige, dass man sich angewöhnt hat, zu glauben, man sei oder thue nichts, wenn man nicht unter Staatsfirma etwas thut, d. h. wenn man nicht angestellt ist. Du hast alle Eigenschaften zum Gelehrten und Künstler, Du hast Anlagen, Fleiss, Geschicklichkeit, warum also solltest Du nicht Maler und Literator werden, wenn man hier werden sagen kann, und nicht vielmehr sein sagen muss. Allein um dies so recht con amore zu sein, muss man in der Kunstwelt und im Gelehrtenfache leben und weben und nicht denken: que deviendrai-je? Dem Amerling fällt es nicht ein, etwas werden zu wollen, Professor, Regierungsrath etc., wenn er nur malt.

Wenn ich Goethe's „Aus meinem Leben" lese, so finde ich nirgends, dass er Carrière machen wollte; er dichtete und damit basta und nahm, was ihm der Staat bot, en passant mit, weil cela s'était présenté.

Juni 1834.

An denselben:

. . . .
„Sonderbar ist es, dass mir die Musik ganz verschollen ist; ich fühle durchgehends keinen Trieb zum Componiren; freilich ward mein musikalischer Sinn durch Baby's unmelodische Epoche gedämpft, und jetzt bin ich durch das neue Geschäft zu sehr aufgeregt, aber ob das Feuer wieder aufflammen wird? ich fürchte, ich habe Dilettantismus mit Kunst verwechselt. Vielleicht aber dass eine ruhige Epoche mich wieder hebt; hätte ich nur Text, denn nur zum Gesange fühle ich Geschick.

Wien, 25. August 1834.

An denselben:

Sehr erquickt hat mich Deine Bemerkung, dass Du Deine Vacanzzeit nicht verlängern willst und ernstlich zu arbeiten gedenkst. Ihr glücklichen Künstler, bei denen die ernstliche Arbeit zugleich auch Genuss ist! Ich war neulich bei Fendi, der aus der Bürgschaft zwei Zeichnungen mit den bekannten Fehlern und Vorzügen verfertigt hat. Sehr gelungen ist ihm ein Miniaturbild: Der Kaiser nach Amerling, in Oel auf Elfenbein, Dosenformat. Wir raisonnirten über manches, unter andern auch über Dich, und wenn auch Fendi keinen scharfen Verstand hat, so hat er ein sehr richtiges Gefühl und in den Gegenständen seiner Kunst allerdings den Blick des Genius. Er sagte mir, dass Amerling nach Rom geht, und als ich hierüber en passant bemerkte, das wäre auch meines Bruders Wunsch, sagte er: I bitt Sie, was will er denn dort machen jetzt? I bitt Sie, er hat das Mechanische noch nicht weg, er kann also dort nix profitiren. Ein Amerling kann hingehen, und jeder Künstler, der im Mechanischen scho z'Haus is, denn er kann dann für ein Fach die Studien machen, verstengens? die er braucht. Aber wer no mit dem Mechanischen zu kämpfen hat, für den is zu fruh nach Rom. Drum sag i halt, Ihr Bruder, bei dem herrlichen Talent, muss machen, nur machen; er hat no z'wenig gemacht; er ist wie D…, will Cavalier, Engländer und auch dabei Künstler sein, das geht aber nit; wer nit durch lange Zeit, von in der Fruh bis auf d'Nacht dabei sitzen kann, bis er's Mechanische weg hat, aus dem wird nix; drum war's ja kein Kunst, wenn's nicht schwer wär' (mir fiel dabei Ign. Schuster's Definition ein: Kunst ist alles, was man nicht kann). Glauben Sie, dass der Amerling es so weit gebracht hätt', wenn er nit hundert und hundert Köpf' schon gemalt hätt' (mir fiel dabei Moscheles und Worzischek ein, die mir ganze Fascikel Präparations-Compositionen, nur zum Verbrennen bestimmt, vorwiesen). Nein der Scharl soll jetzt ernstlich dazu schauen und lernen, und überwinden, wie ein armer Bue von der Akademie, hernach wird was aus ihm werden.

Ich bemerkte ihm, Du wärst durch Kränklichkeit am Arbeiten gehemmt gewesen. — Glaubens das! Es war doch nur hauptsächlich Faulheit: jetzt bin i nit aufg'legt, mi verdriesst's, oder i fang erst um 11 Uhr an, i geh spazieren. Schauens, i war ja auch krank und hab do gearbeitet. — Dann rieth aber Fendi, Du solltest doch nebenbei Beamter werden, weil die Kunst im Anfang zu wenig trägt und dann um mehr zum Arbeiten gezwungen zu sein.

Das lasse sich sehr gut vereinen; er zeigte mir sehr schön radirte Blätter von einem Postbeamten. Seien doch Schoedelberger, Habermann, Schmirsch etc. anderweitig occupirt.

Und allerdings ist eine Anstellung zugleich calmans, irritans, stimulans, mitigans, und soporificum, bist Du im Amte, bist Du ein anderer Mensch: Deine Gedanken, Deine Sorgen, Dein Verdruss ist ein amtlicher; von den zu Hause gepflegten Gedanken, Sorgen, Verdrussen ganz verschiedener; und es ist die beste homöopathische Cur, um wieder Verdruss zu curiren, sich zwei oder drei verschiedene derlei auf den Hals zu laden, denn einer vertilgt den andern, bis der Letztgebliebene durch die Reibung sich selbst erschöpft.

Haben wir nun oft an Dir gepenzt und gerufen: Mache, wirke, leiste! so war es nur unser Drang, Dich dort zu sehen, wohin Du sicher gelangen wirst. Die unwillkommene Einschreitung der Umgebung muss sich jeder Künstler gefallen lassen. Gerade Goethe, den Du citirst, wurde von seinem Vater, der auch überall nicht nur Fortschritt, sondern Vollendung sehen wollte, sekirt, ebenso von Herder, der ihn nicht verstand; sieh nur nach im Buche: „Aus meinem Leben". (En passant sage ich Dir, dass ich wieder Goethe lese, denn das thue ich immer, wenn ich recht im Amte ziehen muss, dass ich mir mein Gemüth durch einen herrlichen Dichter erfrische.)

Im Sommer des Jahres 1835 unternahm Vesque in Angelegenheiten des internationalen Rechtes seine zweite Reise nach Paris, wo er die inzwischen vollständig geänderte Situation vorfand.

Der Aufenthalt in Paris dauerte fünf Wochen. Ueber Vesque's Eindrücke zu jener Zeit geben seine Briefe an seine Gemahlin Aufschluss:

Paris, 24. August 1835.

Vesque an seine Frau!

Ich bin gestern um 6 Uhr Abends in der grossen Weltstadt angekommen, traurig und beklommen bei dem Gedanken, wie weit ich von allem entfernt bin, was mir theuer ist, doch zufrieden, am Ende einer Fahrt zu sein, die wirklich schon etwas angreifend wurde. Ich bin, wie ich Euch von Frankfurt geschrieben habe, am 20. Nachmittags von dort weggefahren; Abends um 9 Uhr war ich in Mainz. Ohne mich aufzuhalten, ging es durch Hessen und Rheinbayern fort; als es Tag wurde, fand ich mich in Lembach, zu Mittag war ich im Preussischen zu Saarbrück; der Wirt rieth mir nicht gleich abzufahren, da ich doch Metz vor 8 Uhr Abends nicht mehr erreichen konnte, um welche Stunde die Thore gesperrt werden. Er führte mich dann in den Garten spazieren, voll Fuchsien, Oleander etc.; um 5 Uhr machte ich mich auf den Weg. In einer Stunde hatte ich die französische Grenze erreicht. — Monsieur, nous allons faire la visite de vos effets, hiess es; die Sache war natürlich bald abgethan.

Diese Einbruchsstation heisst Forbach; bis Metz reden die Leute alle noch deutsch; es ist wirklich komisch, französische Spässe, Geschrei und Raufereien — ich kam eben zu einer Prügelei in Familien-Angelegenheiten in Forbach zurecht-in schwäbischer Mundart vorgetragen zu hören. Ich fuhr nun auf französischem Boden weiter, allein sieh' da, der Postillon war zu gut gefahren, um 2$^1/_2$ Uhr früh standen wir vor Metz und erst um 4 Uhr werden die Thore autgemacht. Ich brachte somit anderthalb Resignationsstunden im Wagen zu, bis die Thore knarrten, die Zugbrücken rollten und wir einfuhren. Jetzt hiess es aber, Monsieur, il faut viser votre passeport et vous ne pourrez l'avoir qu'à 8 heures. In Gottes Namen ich liess mir im hôtel du Nord ein Bett geben und schlummerte bis 8 Uhr. Nun musste ich auf's Polizeibureau, wo ich einen passe provisoire erhielt. Wie die Franzosen über mein Aeusseres urtheilen, magst Du aus Folgendem ersehen: Le sieur Jean Vesque de Püttlingen, juge auditeur au tribunal de Vienne, âgé de 32 ans, taille d'un mètre 68 centimètres (5 pieds 2 pouces), cheveux bruns, front haut, sourcils bruns, yeux bruns, nez moyen, bouche moyenne, barbe brune, menton rond, visage oval, teint basané. Es währte bis 10 Uhr, bis ich im Wagen sass; dann ging's über Mars-la-Tour nach Verdun und weiter durch die Champagne. Als es finster ward, kamen auch abscheuliche Regengüsse; einmal hätte ich keine Pferde bald bekommen, nur die Idee der Leute, dass ich ein Courier sei, verhalf mir zu diesen.

Dites donc, courrier! brüllte der Postillon von seinem Pferde herab, voulez-vous manger un morceau à Châlons? Non, postillon, je ne m'arrête nulle part.

Châlons und mehrere andere Städte passirte ich wieder Nachts, sogar meine Wagenlaternen waren ausgelöscht. Am 23. Morgens frühstückte ich in Epernay.

Jetzt zeigte sich bald die grössere Nähe von Paris durch die zunehmende Zudringlichkeit der Leute. Wo ich ankam, um Pferde zu wechseln, drängte sich stets ein Haufe Menschen um den Wagen, und zwar ein hübsches Mädchen: Monsieur le courrier prendra-t-il du café? — Non, mademoiselle, j'ai déjà déjeuné; eine alte Dame: Monsieur le courrier, vous prendrez un bouillon pour vous remettre. — Merci, madame, je viens d'en prendre à la poste précédente. — Sur ce, monsieur le courrier, je vous souhaite un bon voyage. Zwei, drei Mädchen mit Obst: Monsieur le courrier, des poires, des reines-claudes, des amandes, des noisettes, des raisins, ein Dutzend Körbe werden in den Wagen gesteckt; ich kaufe ein paar Stücke, um Ruhe zu haben, assez, mes enfants, assez, je n'ai qu'un estomac. Endlich der infamste Kerl von allen, der Wagner: Monsieur, il manque un bouton à votre voiture. Solche boutons hätte ich bis Paris ein Dutzend um zwei Francs das Stück anschlagen lassen können; doch erlaubte ich es nur ein paar mal, um ruhig zu sein. Nun ging's über Château-Thierry nach Laferté-sous-Jouarre.

Da ich des Fahrens müde war, so zahlte ich den letzten Tag den Postillons doppelten Courier-Ritt; es ging auch wie im Fluge und ich war über Meaux, Claye, Bondy, Pantin um 6 Uhr in Paris. Hier stieg ich im hôtel d'Artois ab uud bewohne eine hübsche Wohnung im Hofe zu ebener Erde, bestehend aus einem Salon, einem Schlafzimmer und einer dunklen Garderobe; alles en miniature, aber sehr elegant.

Heute ging ich zum Botschafter. Er empfing mich sehr freundschaftlich und wünscht von mir ein kleines Mémoire über meine Familiengeschichte zu haben, die er dann an den garde des sceaux leiten wird; ich werde die Geschichte heute Abends aufsetzen. Ich schlenderte nun an den Quai der Seine, im Palais-Royal, auf den Boulevards, speiste um 5 Uhr bei Hardy und schreibe nach Tisch diesen Galimathias nieder. Paris ist noch immer das bunte, scheckigte, lebenslustige Paris, wo man nicht Zeit hat, vor lauter Zerstreuung zu Verstand und zu Gemüth zu kommen.

29. August.

Da bringe ich wieder einen der süssesten Augenblicke meines Pariser Aufenthaltes zu, ich schreibe an Euch! Was bis zum 25. mir geschehen war, habe ich summarisch berichtet. Am 25. war das Wetter ungewiss und mein Gesicht geschwollen; ich unternahm also ausser einer Promenade auf den Quai und in den Tuilerien nichts, sass zu Hause oder gurgelte Eibischwasser; auch hatte ich mich in einem Cabinet littéraire abonnirt und las Balzac'sche Sottisen. Auf den Tag darauf, 26., war ich vom Grafen Apponyi zu ihm aufs Land eingeladen worden. Bald erschien ein elegantes Cabriolet, bevor ich aber wegfuhr, zog es mich mit Riesenmacht zur Post, ob nichts von meinen Theuern da sei — denn dies sollte den Tag krönen; ich rannte in die rue Jean-Jacques Rousseau, allein leider! es war nichts gekommen. Geknickt bestieg ich meine Equipage und fuhr nun, ein Tuch vor's Gesicht haltend, nach Bellevue. Bellevue liegt auf einem Hügel links an Saint-Cloud. Hier bewohnt Graf Apponyi ein sehr ländlich abgelegenes Landhaus. Ich fand niemanden bei ihm als die Gräfin, die sich noch meiner von Ruffo her erinnerte; zwei Mädchen, wie es scheint Gesellschaftsfräulein, completirten die société. Ich wurde herzlich aufgenommen. Beide sind sehr gebildete, gemüthliche Leute, die mich mit Auszeichnung und Vertrauen behandelten. Wir machten viel Musik; die Gräfin sang mir vier Romanzen vor, dann Duettini, wo ich secundirte; da wird meine Marie eine hübsche Auswahl für diesen Winter haben, denn ich werde einiges davon mitbringen. Auch der Graf ist musikalisch, er spielte mit mir à quatre mains, accompagnirte uns, und producirte auch eine schöne Fisharmonika. Vormittags fuhren wir in der Umgebung spazieren; der Weg ging durch Eichenwälder mit Aussicht gegen Paris und Versailles, allein was ist eine solche Natur für einen Wiener? Mir ist kein trocken monotoneres Land vorgekommen als Frankreich, besonders um Paris. Keine Berge, höchstens fades Hügelwerk, keine Wiesen, ewiges Einerlei in den Bäumen: immer Ulmen, junge Eichen, als Alleen oder Jagdboskette. Charles muss diese Landschaften aus der Encyclopédie Artikel „Chasse" kennen. — Auch die Flora ist unbedeutend, konnte nichts finden, das bei uns nicht wüchse. Die frischen Bäume, die unsere Landschaften so aufputzen, Ahorn, Acacia, Linden, Holler, sind hier höchst selten. Um 5$^1/_2$ Uhr gingen wir zu Tisch; nach einem sehr exquisiten doch einfachen Mahl ward noch etwas gesungen, dann fuhr ich nach Paris, wo ich um 8$^1/_2$ Uhr ankam. Hastig machte ich Licht, zog meinen Schlafrock an, setzte mich in den Lehnstuhl, und glücklich erbrach ich Euer liebes Schreiben, das mir der Graf bei meiner Ankunft übergeben hatte und das ich noch nicht hatte lesen können. O meine Lieben! die Freuden, die mir Eure Zeilen machten, Euch zu beschreiben, vermag ich nicht. Ich danke Euch, dass Ihr mit mir gleich fühlt; urtheilt also nach dem Eindruck, den meine Briefe bei Euch machen und setzt dazu, dass ich von allem, allem entfernt bin, was ich liebe, während Euch doch etwas geblieben ist. Ich las die Briefe jeden dreimal, dann legte ich mich nieder, las sie noch im Bette und schlief damit ein. Tags darauf zog ich sie wieder hervor und studirte jedes Wort daraus.

Am 27. August. — Heute machte ich eine grosse Promenade bis in den jardin du Roi. Dieser Garten ist bei weitem nicht so lieblich als der botanische Garten in Schönbrunn, keine Wiesen, keine frische Luft, da er in der Stadt ist, allein ein unbeschreiblicher Reichthum an Gewächsen. Die Ecole de botanique ist wohl einzig in ihrer Art. Nach dem natürlichen Systeme stehen hier die Pflanzen in Reihen, nirgends Gewächse ohne Namenstafel oder gar Tafeln ohne Gewächse. Die heiklichen stehen unter Glassturz oder Körben; da lässt sich Botanik studiren. So sah ich bei vierzig Sorten Solaneen, Geranium, Verbascum etc. neben einander blühen. Ueberall ist auch die Herkunft bemerkt. Abends ging ich zum erstenmal ins Theater, in das Théâtre français; man gab: Les femmes savantes, von Molière und Tucaret von Lesage, sehr gut gespielt und historisch sehr interessant.

Freitag den 28. August. — Der Botschafter gab mir ein Billet in die Chambre des députés, wo ich der ganzen Sitzung beiwohnte, die Carlos in der Gazette wird lesen können. Sie war sehr interessant, da gerade die Matadore gesprochen haben: Guizot, Thiers, Persil, Arago, Odillon-Barrot, Tracy etc. etc., grosse Talente, aber mehr esprit als génie.

In musikalischer Hinsicht ist jetzt nichts zu machen. Die italienische und deutsche Oper ist fort; Fétis, Liszt, Kalkbrenner, Pixis sind abwesend. Item! An Lithographien habe ich hier nichts gesehen, das wir nicht auch in Wien gesehen haben oder doch haben könnten, aber erstaunt bin ich über die herrlichen Kupferstiche aus der modernen französischen Schule: so Henri IV entrant à Paris; la mort de la Dauphine; Voltaire's und Rousseau's Jugendscenen; honneurs rendus à Raphaël après sa mort u. a. m.

1. September. — Abends im Gymnase musical, grand concert. Unter anderem die Symphonie eroica. Allegro, Scherzo und Finale, dann das Ensemble viel besser als bei uns; Adagio nicht gemüthlich genug. Die Franzosen loben Beethoven ungeheuer, vor und nach jedem Stück; während der Production sitzen sie aufmerksam, wie Zmeskall, wenn ihm Halm seine Compositionen vorspielte; sie scheinen nicht alles mitzubegreifen und zu fühlen; solche gerührte Gesichter, wie wir sie in unseren Concerts spirituels gewahr werden, sind hier nicht zu finden.

3. September. — Abends ging ich in Wilhelm Tell. Ich finde nicht dass die Execution jene in Wien bedeutend übertrifft. Ich halte übrigens diesen Tell für ein misslungenes Product. Was ist das für eine elende Charakteristik! wie weit entfernt ist der Tell der französischen Oper, roth angezogen wie ein Henker und liberté und vengeance fluchend, wie ein rédacteur de la „Tribune", von den Schweizer Bauern der alten Zeit und gar von der edlen Figur im Schiller. Auch finde ich die Musik unwahr (das ist wohl jede Rossinische Musik) und überdies monoton. Die Leute singen alle stundenlang die Dominante, während das Orchester die Melodie spielt: cosi cantano i capuccini, würde Benedetti sagen. Dann hat Rossini im Tell das eingeführt, was seitdem in der französi-

schen und italienischen Musik so sehr Mode geworden ist: das Düdeln à la tyrolienne, gar weit verschieden jedoch von dem echten nationellen Tyroler, Schweizer und Steyrer Jodler. Rossini hat jetzt ein Heft Gesänge herausgegeben: Soirées musicales, sie sind sehr schön und genialisch, aber überall guckt dieser mir widrige genre tyrolien heraus.

Inconvénients de Paris. — Als Stadt ist Paris über Wien, denn wenn auch Wien in einzelnen Partien vielleicht grossartiger erscheint (Jägerzeile, Graben, Mariahilf), so lässt sich dort nichts mit den Tuilerien, dem Luxembourg, den Boulevards, den Brücken der Seine vergleichen, auch fehlen die brillanten Auslagen, die passages und bazars. Jedoch, das ist alles Stadt. Landschaft und Land ist durchaus in Paris nicht zu finden.

Und da lob' ich mir Wien über alles.

Einer, der das Land liebt, muss hier verschmachten, und selbst wenn er Paris verlässt, was sind Saint-Denis, Saint-Cloud etc. für erbärmliche Landschaften? Zum Glück vermisst kein Franzose das, was uns Oesterreichern eine Hauptsache ist. Ein inconvénient ist der Koth. Die neuen Strassen, rue Vivienne, Rivoli, Richelieu sind zwar nicht eben kothig, doch läuft der Canal nicht unter der Erde, sondern neben dem Trottoir, so dass man alle Augenblicke durch die Cabriolets angespritzt wird; geht man aber in die Transnonain (traurigen Angedenkens), rue Saint-Denis, Saint-Martin etc., so herrscht dort auch im dürrsten Sommer ein ewiger Koth. Dabei hat dieser tausendjährige Unflat einen eigenen Gestank, an den ich mich noch nicht gewöhnt habe.

Ein drittes inconvénient ist der Gestank des Gases. Dieser Gasgeruch verpestet auch die Theater und das mag der Grund sein, warum mir letzthin im Wilhelm Tell nicht gut ward, und ich nach Hause gehen musste.

5. September. — Abends im Opéra comique: le concert à la cour, von Auber und Zampa gesehen. Wild singt den Zampa mit mehr Kraft und Feuer als Chaulet; dieser jedoch hat mehr Grazie.

Die französischen Journale sehen in Zampa ein œuvre de génie, une partition large et la plus sublime dans le genre romantique depuis Don Juan et Freyschütz. Winckelmann sagt irgend wo, dass die Franzosen nie die Antike verstehen werden, und ich frage: werden sie je die Musik verstehen? Wenn ich Franzosen sage, so meine ich le public en général; Lamartine, V. Hugo, Méhul, Grétry zeigen genug, dass das Genie überall wächst.

6. September. — Vormittags im Luxembourg gewesen, im Musée, wo man die Gemälde der lebenden Franzosen ausstellt. Die Franzosen sind tüchtige Maler. Horace Vernet, Scheffer, Biard, Deveria, Lethière, Beaume, Ingres, Rioult etc. können mit Recht Historienmaler heissen.

Das Beste, was unser Ender macht, ist nur Schülerarbeit daneben. Ich abstrahire von den griechischen Fadaisen: Einiges, Toujours Priam et sa triste famille, Oedipe etc., dann die Fehler der David'schen Schule, toujours les bras en l'air et point de culottes; indessen selbst die Fehler sind die von Meistern, die auf Abwege geriethen, und nicht von Schülern, die noch gar keinen Weg gefunden.

Den 7. Vormittags versuchte ich ein paar Romanzen in Musik zu setzen. Abends in der Oper: La Juive, paroles de Scribe, musique par Halévy. Einen solchen Luxus der Scenerie findet man bloss in Paris. Die Scene ist in Constanz, während des Conciliums. Das Volk steht auf dem Platze, gekleidet wie es in alten Charteken abgebildet ist. Adelige Damen mit spitzigen Kopfbedeckungen, die Schleppe von einem Pagen getragen, gehen in die Kirche, aus welcher die Orgel schallt. Ein Zug beginnt: Wappen-Herolde, Pagen, Arquebusiers, Arbaletriers etc., geharnischte Ritter zu Pferde, der Cardinal Legat auch zu Pferde, Cardinäle, Aebte und Bischöfe, mit Inful und Stab, der Herzog von Oesterreich zu Pferde im Ornat, die Kurfürsten zu Pferde; alle Kleidungen treu nach alten Pergamenten, funkelnagelneu. Im letzten Acte ein anderer Aufzug mit den geistlichen Orden und Confréries, die Jüdin mit einem Beichtvater; sie wird auf dem Holzstoss, der zu jedermanns Ergötzen sichtbar da steht, verbrannt. Wenn man aber sagen soll, was ausser diesem Flitter an der Oper ist, so muss ich sagen: sehr wenig. Das Sujet ist voll Unwahrscheinlichkeiten. Die Musik ist, ohne so gründlich wie Weber's Euryanthe zu sein, ebenso excentrisch Rossini-Auber-Cherubinisches Gemisch. Ueberhaupt suchen die neuen französischen Componisten, Halévy, Maupon etc. das Excentrische in der Musik, französische bête aux veines.

Den 8. — Graf Apponyi gab mir sein Billet für die Chambre des Pairs, wo eben das Pressgesetz discutirt werden sollte. Ich sass nun dort in der tribune diplomatique von 12—6 Uhr auf einem Fleck. Die Discussion war sehr interessant. Schöne Reden von Deux-Brezé, Dubonchage, Villemain, St. Aulaire, Montalivet,

Montalembert. Allein was ist das für eine Pairie neben der englischen, oder auch nur gegen die ungarische Magnatentafel? Fad kam mir auch das Costüm vor; unten en négligé Nanking Hosen oder graue Pantalons, Stiefel und Frack-Uniform dazu, blau mit goldgestickten Krägen und Aufschlägen, kein Degen noch Hut. Beinahe jeder pair hat ein Kreuz oder crachat. Einige tragen noch Zöpfe. Was ist da zu erwarten?

Paris, den 19. September.

An jenem Tage, an dem ich Euch zuletzt geschrieben, speiste ich bei Apponyi. Sodann ging ich au Palais-Royal ins Theater, wo man mehrere hübsche vaudevilles gab. Der Wohlfeilheit wegen sass ich im Parterre; das dortige Publicum ist zwar sehr demagogisch, pfeift und tobt in den entre-actes, schreit à la porte etc. während des Stückes, ja manchmal verlangt einer die Marseillaise, was aber jetzt unbeachtet durchfällt. Es war jedoch nicht das erste Mal, dass ich unter diesen Leuten sass, und meine Ruhe hatte mir stets den Frieden erhalten. Diesmal aber entstand neben mir ein Streit wegen eines nicht respectirten leeren Platzes: Vous êtes un sacré cochon, vous êtes un polisson, touchez-moi si vous l'osez, ich war der Zwischenmann und schrie: Sacrebleu, Messieurs, si vous vous touchez, songez donc que vous allez me toucher aussi. Nun forderte der eine den andern auf den morgigen Tag heraus und gab ihm seine Adresse, vielleicht eine falsche; das beginnende Stück stillte den Aufruhr. Da aber während des Stückes die Sticheleien fortwährten, auch mein· Nebenmann mit seinen Knien den Vordermann drängte und sagte: morbleu, il y a un cul ici! worauf der Vordermann mit wüthenden Blicken fragte: Monsieur, je vous gêne? — Du tout, du tout! Da ferner in den früheren Zwischenakten die Heraussteigenden meinen Frack und Hose so zugerichtet hatten, dass ich sie Tags darauf zum Schneider zum Ausbügeln schickte; da endlich einem alten Herrn, der über den Lärm und die Jugend schimpfte, versprochen wurde, man würde ihn als einen alten moraliste irrascible im nächsten entre-acte unter die Bank drängen, — so machte ich beim Fallen des Vorhanges nur einen Sprung über die Banquettes, zahlte an der Cassa vier Francs darauf und nahm unter der bonne société in einer stalle d'orchestre Platz, wo ich ungestört mich am Spiel der Demoiselle Déjazet, der französichen Krones, ergötzte.

Abends sah ich Don Juan, von Mozart, in der grossen Oper.

Schande dir, o mein Vaterland! dass Fremde unseren Meister so verherrlichen. Diese Oper, geistreich arrangirt, wird herrlich gespielt und gesungen, wie wir bei uns keine Ahnung davon haben. Der Enthusiasmus war auch gross, bei mir grenzte er an Nervenfieber. Selbst die Schlusscene mit dem Mozart'schen Requiem schliesst würdig das Ganze, und ist doch schöner als wenn einige Statisten den Forti oder Wild herumschleppen, einen Gestank von Hexenmehl machen, und dann den Cavalier in den Rachen eines pappenen Krokodils hineinschmeissen. Ich habe das Buch mit der Erklärung der hiesigen Aufführung gekauft zu Eurer Notiz.

Den 23. September. — Abends im Theater Porte-St-Martin. Die Franzosen sind doch die ersten Schauspieler der Welt für das Lustspiel; es ist unglaublich, wie viele herrliche Komödianten sie besitzen, die Figuren schaffen, welche man nie vergessen kann. Das mag wohl in der Persönlichkeit des Franzosen stecken, der immer Komödie spielt, er möge den aimable machen mit seiner maitresse, den Gemüthlichen mit seiner Frau, oder den papa mit seinen Kindern, oder den orateur in der Chambre, sowie die Italiener immer mit Ausdruck singen, weil sie alles mit Ausdruck thun.

Die Franzosen sind aber auch die ersten Lustspieldichter der Welt. Es geht nichts über Molière; die vaudevilles de Scribe etc. sind unübertroffen. Dieser Geist, dieser Witz, dieses Geschick in Scenen und Acte abzutheilen, versteht niemand besser. Das gilt von der Berline de l'Emigré, von Etienne und Melesville, wo kein einziger langweiliger Moment ist. Im fünften Acte kommt eine Schlacht vor, die mit der grössten Täuschung in Scene gesetzt war und in der bei fünfzig Gewehrschüsse im Theater abgefeuert wurden. Aber was haben sie mit ihrer Marie Tudor gemacht, Mr. Victor Hugo? So etwas Manierirtes, Falsches ist mir nicht bald vorgekommen, wie eine Sonate von Halm, Mlle Georges! wie ein Gemälde von Sandrart. Ich war froh, wie die Geschichte aus war, und das Publicum dachte wie ich trotz der obligaten Klatsche, die sich vielleicht nicht am wenigsten ennuyirte.

Den 24. Abends im Concert Musard. — In zwei grossen Sälen geht man spazieren und das gute Orchester de Musard spielt mehrere gute Stücke mit vieler Präcision vor. So die „Ouverture de Jubel" (sic!) par Weber. Die Verstärkung durch ophicléide und piston besonders am Ende bei „God save the king" sehr gelungen.

Den 26. — Gestern Vormittags wurde beschlossen, dass ich heute Abends Paris verlasse. Ich reise direct nach Frankfurt, von wo ich Euch das Weitere schreiben werde. Ich weiss vor lauter Geschäften nicht, wo mir der Kopf steht.

IV.

Nach seiner Rückkehr fand Vesque Musse, sich wieder der Kunst hinzugeben und trat von nun an öffentlich als Künstler auf.

Sein erstes zur Aufführung bestimmtes Werk, das er selbst wohl nur einen Versuch nannte, die zweiactige Oper: „Turandot", Text von Zerboni di Sposetti, Musik von J. Hoven, ist October 1838 am Wiener Kärntnerthortheater in Scene gegangen. Fräulein Lutzer sang die Titelrolle, Wild den Kalaf, Schober den Barak, Staudigl den zum Perserkönig Orosman umgetauften Kaiser von China. Die Aufnahme war eine überaus günstige und die Wiederholungen folgten einander in kurzen Pausen.

Ebenso günstig war der Erfolg der Turandot in Berlin, wo sie im August des folgenden Jahres am Königstädtertheater gegeben wurde und Amalie Hähnel sich am Kalaf eine Glanzrolle erwarb. Die Räthselscene wurde stürmisch zur Wiederholung verlangt, die Introduction, Sclavenchor mit Solo, das Eingangs-Duett mit Chor und dem Schlusssatze der Turandot, im zweiten Acte, sowie Turandot's wirksames Duett mit dem Vater in den Besprechungen besonders hervorgehoben.

Das Libretto ist als dem Schiller'schen Stücke zu sclavisch nachgebildet und im Versbau der Composition nicht günstig vielfach angefochten worden, die musikalischen Intentionen aber: Freiheit vom italienischen Einfluss, deutsche Innigkeit, schöne Verschmelzung von Wort und Ton lobend anerkannt. Das Sentimentale, Weiche herrschte in der Oper vor und liess besonders an der Gestalt der Turandot die Energie und Farbe vermissen, welche der orientalische Stoff fordert. Vesque's Talent in komischer Gestaltung machte sich bereits in der Gestalt des Seneschalls geltend, dessen Arie in B-dur originell in Rhythmus und Melodie auch durch die Instrumentation, z. B. durch die Fagottbegleitung in doppelten Octavsprüngen, sehr drollig wirkt.

Wie sich Vesque's einstiger Lehrer über die Oper äusserte zeigt folgender Brief:

Moscheles an Vesque:

London, den 13. Aug. 1840.

Wertgeschätzter Freund!

Recht herzlich habe ich mich gefreut mit Ihren freundlichen Zeilen, Ihrem Andenken und dem Empfange Ihrer Oper „Turandot", welche letztere mir ein erfreulicher Beweis ist, mit welcher Liebe und gutem Erfolge Sie trotz Ihrer ernsten Berufsgeschäfte der Kunst pflegten. Ich wundere mich nicht, dass Ihnen der Neid und die Missgunst manchen Knüttel unter den Weg warf, denn es gibt gar zu viele, die die Kunst zu ihrem Berufe machen, ohne die erforderlichen Gaben dazu zu besitzen, und zu diesen gehört vor allem: das Schöne zu suchen und anzuerkennen, woher es auch gekommen, aus welchem Lande, aus welcher Feder es geflossen, oder auf welche Leinwand es getragen.

Ich habe Ihr Werk bis jetzt nur flüchtig lesen können, so sehr bin ich bis zum Schlusse der Londoner Saison beschäftigt gewesen; ich erkenne darin mit Vergnügen das Hauptverdienst: dass es reich an melodischem Flusse und wahrem Ausdrucke der Gefühle ist. Ob es allen scenischen Situationen vollkommen entspricht und durch gehörige Contraste ergreift oder den Zuhörer fesselt und mit sich fortreisst, getraue ich mir noch nicht zu beurtheilen.

In der Ouverture muss der Uebergang des Mittelgedankens von H-dur nach Es-dur von frappantem Effecte sein.

Sie wollen wissen, ob ich Ihnen Fehler in dem Werke aufzudecken habe — mir sind keine aufgefallen, aber eher die Abwesenheit, der Mangel an solchen Eigenschaften, die in jetziger Zeit von einem Kunstwerk erwartet werden, nämlich Kühnheit der Gedanken, originelle Wendungen der Modulation etc., selbst Instrumentaleffecte, neue gewählte Zusammenstellung der Instrumente (die doch möglicherweise da sein können, was sich aus dem Clavierauszuge nicht entdecken lässt).

Es ist schwer, nicht in die Extravaganz und den Unsinn mancher moderner Componisten zu fallen (die coûte que coûte originell sein wollen), wenn man die Seele der Musik: Melodie und Klarheit der Modulationen beibehalten will. In jenen sieht man den Wald vor Bäumen nicht und wann einem schaurigfröstelnd dabei zu Muthe wird, und man sich nach ein bis'chen erwärmender Sonne dabei sehnt, so sind zuweilen ein Paar raisonnable Takte so kümmerlich erwärmend wie ein Sonnenstrahl, der erst durch das dicke Gehölz durchdringen muss.

Ich fühle es selbst, wie schwer es ist, einen neuen Pfad in der Kunst zu entdecken, einen neuen Weg einzuschlagen. So wie ein Feldherr dafür sorgen muss, dass seine Truppen ihm in allen Stellungen und Wendungen folgen können, wenn er vorrückt, so müsste der Componist und der Dichter die Kunst- und Liebhaber-Welt berücksichtigen, ausgenommen er fühlt sich ein Anführer wie es Beethoven war, der seine Nachfolger auf Bahnen führte, die ihm nur klar waren und die ihnen erst nach einem halben Jahrhunderte den Weg zu höheren Regionen zu seligen Genüssen zeigten.

Die jetzigen After-Feldherren gehen bloss auf Zerstörungs-Expeditionen in der Kunst aus und schlagen Wege aufs gerathewohl ein, in deren Finsterniss sie sich gefallen.

Also den Muth nicht verloren und ein juste milieu halten, muss der Kunst immer Gutes bringen.

Es wäre rathsam, dass Sie sich mit Director Schumann in Verbindung setzen, um die Aufführung Ihres Werkes für nächstes Jahr in London vorzubereiten, denn die günstige Aufnahme der Gesellschaft lässt eine noch freudigere für die nächste Saison erwarten.

Ich glaube bemerkt und gehört zu haben, dass die beifällige Aufnahme der Gesellschaft nicht im Verhältnisse stand mit dem pecuniären Profit des Directors wegen der enormen Ausgaben, die mit einem solchen Unternehmen verbunden sind; daher zweifle ich dass sich der Director auf besondere Spesen Ihres Werkes wegen oder auf ein Honorar dafür eingelassen haben würde. Daher rathe ich Ihnen, in dieser Beziehung dem Director das Unternehmen so viel als möglich zu erleichtern, und in der Hoffnung, dass ich Ihre Arbeit hier öffentlich zu hören bekommen werde und dass Sie mich stets als Ihren Agenten in London betrachten wollen, bleibe ich mit

Hochachtung und Freundschaft
Euer Wohlgeboren
Ergebenst
S. Moscheles.

Im Jahre 1840 hatte Vesque die Aufgabe, den ersten Staatsvertrag zum Schutze des geistigen Eigenthums zu errichten; es verdient hervorgehoben zu werden, dass Vesque es war, welcher sowohl mit dem sardischen Unterrichtsminister Avet als auch mit Carl Albert persönlich conferirend, den ersten internationalen Schutz für geistiges Eigenthum schuf.

Aus jener Zeit datiren einige Briefe, die zur Charakteristik der damaligen Verhältnisse in Italien hier folgen mögen:

Vesque an seine Frau:

Turin, 27. April 1840.

Liebster Engel!

Da sitze ich nun acht Tage in diesem Turin, welches, wie mir neulich Vicomte Verrurier, ein junger französischer Diplomat, der in New-York, Bern, Brüssel angestellt war, sagte, la ville la plus ennuyeuse de l'Europe ist. In der That: gar keine Geselligkeit, kein Salon, keine Diners, ein mittelmässiges Theater, eine unbedeutende Promenade; des boutiques médiocres und Auslagen dito. Kein einziges schönes Gesicht zu sehen, eine ganz unverständliche Sprache; ein farb- und formloses stilles Volk; eine zwar laue aber wie Meissnerische Heitzung sich anfühlende Luft; niemals Wind; ein fades Wasser zum Trinken; zwei träge schleichende Flüsse; eine Monotonie von parallelen Gassen, die sich alle so gleich sehen, dass wir uns regelmässig jeden Abend verirren; kein Kunstleben; keine Musikliebe; nicht eine Musikalienhandlung in ganz Turin; das diplomatische Corps uninteressant, ohne Frauen und Töchter, daher keine Häuser; der erste Minister, der, gleich dem König, um 5 Uhr früh arbeitet und um 9 Uhr Abends schlafen geht; der König, der sich nirgends zeigt, als einmal die Woche um sieben Uhr früh am Exercirplatz; keine einzige bedeutende Kirche; keine Gebäude aus dem Mittelalter oder der Heidenwelt; was soll der Mensch in Turin anfangen? Auch meine Geschäfte gehen denselben apathischen Gang wie alles hier zu Lande. Statt dass ich jeden Tag eine Conferenz hätte, kann ich sie nur jeden zweiten Tag abhalten, und dann muss noch der gefragt werden und jener, worunter ein im Bette arbeitender alter grämlicher, kränklicher und langsamer Grossiegelbewahrer; es gehört da viel Geduld dazu. Indessen klopfe ich unermüdet auf einen Fleck hin, und so hoffe ich denn, dass ich in vier bis fünf Tagen meine Sache beendet haben werde. Man nimmt übrigens meine amtlichen Arbeiten hier mit Beifall auf; der Staatsrath d'Avet sagte mir neulich: je suis heureux d'être en rapport avec vous; vous êtes un homme qui veut-le bien et qui comprend les choses. Als ich ihm sagte, dass ich mit Schüchternheit, als ein Anfänger, einem solchen Staatsmanne entgegentrete, antwortete er mir: Monsieur, on peut appliquer à vous ce que d'Aguepeau disait, une fois, à un jeune homme de grande espérance: je voudrais bien finir comme vous commencez. Du siehst wenigstens, dass wir auf höflichem Fusse conferiren. Einstweilen sage ich wie Rothschild: Du lieber Engel, sammt vier kleinen Engelein, ihr seid mir das Liebste auf Erden . . . .

Die Schauspieltruppe ist zum Theil sehr gut, besonders die Signora Ristori und Bettini, und Signore Vestri; doch die Stücke aus dem Französischen sehr fad; vorgestern wurde ein fünfactiges Drama so ausgepfiffen, dass nach dem zweiten Acte Vestri im schwarzen Kleid heraustrat und sprach: Atteso la disgrazia non si proseguirà ma si darà la farsa; ich weiss nicht mehr wie der Titel hiess.

Die Bildergallerie sah ich an; es sind wohl schöne Stücke darin, aber nicht viel; mehr Niederländer als Italiener. Besonders zahlreiche Van Dyck, da sich die reichen Genueser alle haben von ihm porträtiren lassen, als er nach Genua kam. Ich ärgerte mich über die vielen Kinder, die er mit Meisterhand porträtirte, und von denen keines so schön ist als meine vier bambini. Ich habe mir ein Clavier gemietet von Rausch in Wien und spiele dem Prechtler die Johanna vor. Ich wollte auch etwas componiren, aber die erschlaffende Luft Turins lässt nichts aufkommen. Zudem gehen hier von Minute zu Minute Leute mit kolossalen Leierkästen herum, die einzige Musik, die den Turinesern zu gefallen scheint. Auch ist wie überhaupt in Italien ein furchtbares Glockengeläute; alle Viertelstunden wird der Thurm gegenüber von unserer Wohnung rebellisch und schüttelt seine vier Glocken, die scalamässig gestimmt sind; endlich habe ich keinen Text für Musik mit. Zufällig fand sich unter einigen Gedichten, die Prechtler mit hat, ein kürzeres, das ich zu setzen versuchte; ich sende es Dir hier mit, Du wirst es gewiss etwas piemontesisch finden. Beiliegende Reisebilder bittet Dich Prechtler dem Feuchtersleben zu schicken, der sie hernach dem Witthauer übergeben wolle.

Mailand, den 8. Mai.

Da bin ich denn in Mailand. Wir fuhren am 1. in einem Velocifero, der aussah wie jene Menageriewägen, worin Strauss und Elephant nach der Jägerzeile gebracht werden, in einer langweiligen Käsmachergesellschaft von Turin weg. Das ist eine gar trostlose Ebene, die piemontesische, ganz monoton. In San Germano, in einer Art Kneipe, wurde ein mattes souper eingenommen, die Nacht war da und nun suchte jeder zu schlafen, so gut es in dem dunstigen Kasten anging. Die Gegend mochte von Alpenwässern durchschnitten sein, denn wir näherten uns der nördlichen Grenze Piemonts. Einmal fuhren wir durch einen Fluss, ein zweites Mal kamen wir an einen detto, und man weckte uns auf und hiess uns alle aussteigen. Es war kein Mond am Himmel, ein kalter Wind blies stürmisch daher, und vor uns rauschte geheimnissvoll ein breiter Alpenstrom; es war der Civio. Der Velocifero fuhr etwas weiter hinauf, um eine Durchfuhr zu finden, denn das Wasser sei gestiegen, hiess es. Ich wartete nun auf die Plätte, die uns hinüber brächte, als ich auf einmal die ganze Gesellschaft, 17 Personen, ins Wasser steigen sah. Es war jedoch nur optische Täuschung der Nacht. 'Ueber den Strom ging ein Steg, das heisst es wurden schmale Bretter, auf denen man nur einen Fuss hinter den andern setzen konnte, aneinander gereiht. Du kennst meine Vorliebe für solche Exercitien, besonders in finsterer Nacht, über einen Fluss so breit wie die Donau bei der Schlagbrücke, und reissend. Ich sprach einige Leute an, sie möchten einem schwindlichten homme de cabinet hinüber helfen; jeder war mit sich selbst beschäftigt; ich packte nun eine Art piemontesischen Soldaten beim Arm und wir „hatscheten" hinüber; er schwankte und bebte noch mehr als ich, besonders wo sich immer ein neues Brett ansetzte und Unebenheiten kamen; als wir nun gegen das Ende dieses verzauberten Steges kamen, sieh da! da floss der Fluss über die Bretter, und wir genossen die Annehmlichkeiten eines Fussbades, worauf noch eine lange Strecke des Watens durch Wellsand kam, bis wir uns endlich alle wieder im Velocifero fanden. Das ist die lange Geschichte unseres Uebergangs über den Civio. Willst Du nun die Geschichte des Uebergangs über die Sesia? Eccolà. Bei Sonnenaufgang gelangten wir zur Sesia, ein Strom im Genre der Salz- und Gasteiner Ache, nämlich wild wie eine angeschossene Boa. Die Mannschaft wird in ein Schiff gebracht, das durch einen Strick festgemacht ist.

Ein Seil ist quer über den Strom gespannt. Die Schiffer schreien und brüllen: Sú! sú! Corrrrragio! und schwingen sich sammt dem Schiff hinüber, mit ihren Händen jenes Seil abhaspelnd. Würden sie das Seil auslassen, so würde die Barke nach ein paar Umkehrungen in irgend einem Strudel untergehen.

Nun waren wir über die Sesia gekommen, nicht ebenso der Velocifero; das Wasser war zu hoch, als dass er durch selbes herüber gekonnt hätte; die Schiffer behaupteten aber das Gegentheil, und weigerten sich ihn in der Barke herüberzuhaspeln.

Wir gingen indessen alle zu Fuss in die am Ufer liegende Stadt, Romagnone, nahmen eine Tasse Kaffee in einem Spielwaaren-Laden. Die Leute treiben hier mehrerlei Negotien auf ein Mal, und nun sagte ich dem Conducteur, ich würde mit Prechtler zu Fuss nach Arona vorausgehen; am Eck einer Gasse kniete ein Krüppel, der im Recitativton ausrief: Ammirate la mia miseria fratelli miei, date mi una carità, Salve Regina gratias plena u. s. w. Ich gab ihm etwas und erfrug von ihm den Weg nach Arona. Nun zeigte sich eine Landschaft, wie sie nur bei Dichtern und dichterischen Malern vorkommt.

Castelle, Wasserfälle, Haine, Schneeberge, Weingärten, Paradies von einer Gegend. Als wir eine gute Stunde gut gegangen waren, gelangten wir an einen Scheideweg, ganz klug frugen wir, welcher von beiden Wegen nach Arona führe, und erfuhren dass gar keiner hinführe, dass wir in ganz falscher Direction wanderten, und der Bettler ein Esel oder Fuchs sei. Wir kehrten sonach nach Romagnone um und freuten uns indessen eines Irrthums, der uns jene idyllische Natur hatte kennen gelehrt.

In die Stadt zurückgekehrt, fanden wir den Process mit dem Velocifero noch nicht geendet; man wolle zum Sindaco gehen etc. Da uns das ziemlich gleichgültig war, blieben wir bei unserem Plan, noch mehr zu Fuss auf italienischem Boden zu wandern, und schlugen diesmal die wahre Poststrasse nach Arona ein. Nach ungefähr einer halben Stunde, wo es bergauf ging, befanden wir uns auf einer unabsehbaren von Hügeln eingeschlossenen, hie und da von Wasserrissen durchschnittenen Hochebene. Einige Bettler sprachen uns an; die Alten wurden betheilt, die Kinder durch unser gedonnertes: gazzo, va via! abgebeutelt. Nach zwei Stunden rüstigen Marschirens in erquickender Mailuft rumpelte unser Velocifero (vae! lucifero!) daher, von gens d'armes escortirt. Das sei nothwendig, weil diese Hochebene unsicher sei, und erst vor ein paar Tagen bei hellem Tage da Reisende von Räubern geplündert worden sind. Wir sind ganz unbefangen, gutmüthig darüber geschritten. Oh, nous avons bien pensé à ces messieurs, sagte mein Nachbar, ein Schweizer, den ich darüber frug, et c'est à vous féliciter que vous n'avez pas été attaqués. Wir felicitirten uns auch darüber und endlich um 12 Uhr, statt um 8 wie es versprochen war, langten wir in Arona an. Im Posthause am lago maggiore wurde gegessen, und dann mit Blitzesschnelle auf die Anhöhe zur Statue des Carlo Borromeo geeilt, 75 Fuss hoch, in dessen Nase ein Mensch stehen kann; wehe, wenn der Heilige in einem solchen Momente niesen sollte! Nun setzten wir uns mit einer Menge Leute in eine Barke ein und fuhren aus dem Hafen in den See zum Dampfschiffe, welches täglich den See durchschneidet und eben von Sesto Calende nördlich steuerte.

In Stresa liessen wir uns ausschiffen. Hier mietheten wir gleich eine Barke mit vier Ruderern, unterdessen die sardischen Mautner den Reisesack, das einzige Gepäck, das wir auf dieser Excursion mit haben, genau durchstöberten. Sie fanden meine schmutzige Wäsche nicht mautbar; sahen die Turandot und die Ouverture aus der „Johanna" ganz bedenklich an und nachdem der eine die ersten drei Seiten der Selina von Jean Paul einige Zeit lang aufmerksam durchgegangen — mir scheint, er hielt dabei das Buch verkehrt — gab er mir es, als der sardischen Censur genehm, zurück. Nun fuhren wir zu der Isola bella, von da zur Isola madre. Details hierüber mündlich. Nur so viel en passant, dass auf beiden Inseln südliche Vegetation existirt. Orangen, Citronen, Lorbeeren, Cedern, Magnolien, Aloe wächst hier im Freien und entwickelt sich zur Riesengrösse.

Wir sahen Camelienbäume mit vielen tausend Blumen, Glycine, blühende Aloe etc. Das Wetter war herrlich. Auf Isola madre sind viele Fasane.

Nun ruderten unsere vier Kerls mächtiger und wir fuhren über die ganze Breite des Sees nach Loveno. Hier stand der österreichische Schlagbaum; mein Titel di consigliere machte den gehörigen Eindruck, und wir fanden im freundlichen Gasthaus am Ufer gutes Souper und Nachtlager. Tags darauf, am 3. Mai, fuhren wir in einem legnetto con cavallo um zwölf „Svonsiger" (Zwanziger) nach Lecco ab, auf einem Weg, der wieder alle Reize der poetischesten Landschaften Poussin's und Claude Lorrain's vereinigte. Da es Sonntag war und noch Festtag dazu, so war die Strasse von der ganzen Bevölkerung bedeckt, welche zur Madonna del sacro monte gepilgert war; wunderschöne Mädchen in malerischem Kopfputze, viele mit geweihten Baumzweigen in Händen, andere kolossale Crucifixe tragend. Ein neuer See erscheint „mit seinen Reizen und Küssen".

Es ist der See von Varese, einem freundlichen Städtchen, bevölkert von schönen Mädchen. Nach Tisch weiter immer durch das Paradies bis Como. Ueber die Lage dieser Stadt am See lässt sich nichts sagen, das muss man sehen, fühlen und hören, ja selbst schmecken, was die agoni und trutte betrifft. Wir machten eine Fusspartie am linken Ufer des Sees so weit uns die Zeit es vergönnte, bis vis-à-vis von Torno. Das nenne ich einen Zephyr und eine milde Luft, Sonnenuntergang, Mond, Nachtigallenflöten — die Nachtigallen sind in der Lombardie häufig wie bei uns die Meisen — Orangen- und Lorbeerduft, Villen wie Zauberschlösser; ein Adler kreiste über dem See, auf dem die Barken tanzten, das Dampfschiff kam daher und dessen Kanonen hallten an den Bergwänden. Dabei erschallte aus mehreren Ortschaften Musik, denn es waren in der Umgebung fünf bis sechs Feste, wie uns der cameriere versicherte, desshalb auch durchaus kein Barbier zu haben, da alle zu den Festen gezogen. Du weisst, dass ich im Freien immer singe; ich begriff hier ganz die italienischen Melodien; mir fielen durchaus nur Donizetti'sche Süssigkeiten ein, ich wäre nicht im Stande gewesen, an diesem Orte Schubert oder Weber zu singen, bei denen immer ein schmerzlicher Zug hervorguckt, während in Como mit seinem See und Himmel nichts dergleichen sich darthut. Alles ist Ruhe, Harmonie, Genuss. Aber eben deshalb genügt dies dem romantischen Nordländer nicht, und wenn er auch den Sinn für Como's Reize und Donizetti's Melodien hat, so wirft er sich doch mit innigerer Inbrunst dem Zauber Gastein's und Weichselbodens in die Arme, und singt Schubert und Beethoven. Das hat der Deutsche vor dem Italiener, dass er alles fühlt und begreift, was diesen anregt, aber auch noch Anderes und Mehreres. Tags darauf verliessen wir Como. Der Weg im Comaskischen ist noch immer der reizende, aber hier muss ich noch eine Bemerkung über Italien niedersetzen. In diesen Theilen Italiens herrscht die grösste Cultur, nicht zwei Schuh Landes sind unbebaut; in jedem Winkel steht wenigstens ein Maulbeerbaum (gelso), die Zäune an den Wegen sind von behauenen Steinen; über den kleinsten Bach geht eine steinerne Bogenbrücke; Chaus-

seen sind weiss und hart wie in einem englischen Park, jeder
Erdabhang ist als Quai terrassirt, und so ist's, wenn man fährt,
als führe man durch einen Garten. Allein, was geht dem Oester-
reicher ab? Dass eben durch die grosse Cultur die unmittelbare
Benützung der Natur uns verwehrt ist. Da ist kein Pfad, der
sich über eine Wiese zieht, denn die Wiese darf man nicht
betreten, auch ist sie ummauert oder durch Hecken von Wein
und Maulbeeren versperrt; da kann ich keinen Hügelabhang er-
steigen, denn er ist mit Quadersteinen bepflastert; da wachsen
keine wilden Rosen und Clematis auf die Strasse herab, eben weil
diese auf beiden Seiten von steinernen Terrassen begrenzt wird.
Der Wanderer ist also angewiesen, auf der Fahrstrasse, im Staub,
zu ziehen, wo er oft zwischen hohen steinernen Mauern geht,
welche paradiesische Villen und Gärten verbergen, die aber die
Eigenthümer egoistisch für sich und ihre Familien geniessen. So
mussten wir selbst auf jenem Spaziergang am Comersee auf der
Fahrstrasse gehen und fanden nicht einen Rasenfleck, wo wir uns
hätten hinlagern können.

Wie anders gastfreundlich empfängt Ober-Steiermark's sma-
ragdene Natur ihre Gäste, ja selbst wie gemüthlich ladet es uns
im Halterthale ein, an den unbedeckten Brüsten der Natur zu
trinken, anstatt dass sie in Italien einen Shawl trägt und einem
den Sorbet gemessen in silberner Schale reicht, die für meinen
Wiener Durst zu wenig fasst. — Um 1 Uhr waren wir in Lecco,
einem unbedeutenden Städtchen an der andern Spitze des Comer-
sees, der in seiner Gestalt ganz zwei Schenkeln gleicht, bei denen
Bellaggio das Feigenblatt vorstellt. Nach Tisch wollten wir weiter
fahren, da kam der Kutscher mit wälscher Höflichkeit und bat
um die Erlaubniss, einen coffretto mit auf den Wagen nehmen zu
dürfen. Bewilligt! Wie wir einsteigen, sitzt ein alter schmutziger
Mann auf dem Bocke: „E questo il coffretto?" rief ich, „avete
parlato d'un coffretto e non d'una persona."

Der Kutscher behauptete, er habe un signore gesagt und wir
hätten schlecht verstanden. Der Fremde docirte, er sei un povero
impiegato che dovea rendersi alla pretura di Bergamo. — „Si
prendra un altra occasione," rief ich, „ho pagato 40 „Zvonsiger" per
esser padrone del legno!" Diese fermeté imponirte, es ist nicht
schwer den Katzelmachern zu imponiren, der povero impiegato stieg
ab, seine Sachen wurden abgeladen und wir fuhren weiter. Am Weg
machte ich den Kutscher aus, der ganz höflich erwiderte: Ho

sblagliato io scusi, e non ne parliamo più. Er blieb auch sonst heiter und höflich wie zuvor. Ueberhaupt ist die Höflichkeit der Italiener in allen Classen ein wahres Labsal gar für uns Wiener. Seit unserem Ausgang aus Ponteba sind wir auf keinen Flegel gestossen; der Hausmeister vom Judenplatz oder der Landrath S. könnten sich hier um Geld als Raritäten sehen lassen, würden aber nicht ansprechen. In Bergamo besuchte ich zwei Freunde David's, für die er mir Briefe mitgegeben hatte und die mich sehr zuvorkommend empfingen. Der eine, Nobile Carrara, bewohnt ein palastartiges Haus in der alten città, besitzt eine Bildersammlung, ein sechsjähriges Bürschel, das erste Kind nach langer Zeit, das ich wieder einmal auf den Knien schaukeln konnte, und das mich auch gleich lieb gewann; Carrara gab mir und Prechtler'n gleich am selben Tage ein nettes Diner, bei dem auch ein abbé, Präfect des Gymnasiums, und ein Herr Ragazzoni waren. Nach Tisch führte uns dieser zum berühmten Simon Mayer, Compositeur der Ginevra und der Rosa bianca, leider eine achtzigjährige Ruine, halbblind im Bette, aber noch frischen Geistes und der über unsern Besuch sehr erfreut schien. Der andere Freund David's ist ein Herr Cattaneo, gleichfalls ein sehr artiger Mann. Er führte mich zu einer hübschen Dame, Signora Carissimi, einer sehr braven Sing-Dilettantin, die ich accompagnirte und der ich je songe à toi, il reviendra und una furtiva lagrima vorsang. Abends war Theater; dasselbe ist viel grösser als das in Wien, da es 36 Logen in der Reihe hat. Man gab Katharina Howard von Dumas ins Italienische übersetzt, ein langweiliges Stück in sieben Acten, welches nach Mitternacht aus ward. Am 6. nach Mailand gefahren, wo wir von Visitenmachen und Empfangen und von allerlei Besichtigungen so in Anspruch genommen sind, dass ich die Fortsetzung der Reiseschilderung auf eine ruhigere Zeit aufsparen muss.

Fortsetzung in Turin,
den 13. Mai.

Die Scala ist ein imposantes Gebäude, mir war, als ich eintrat, als wenn man über den Judenplatz ein Dach gebaut hätte und die Leute aus den Hausfenstern heruntersähen. Das Theater hat sechs Stockwerke und 54 Logen in jedem der fünf ersten Stockwerke. Man muss sich erst an die Wirkung der Musik und Beleuchtung gewöhnen. Die Oper ist indessen detestabel. Anna Bolena mit der Schütz, die keinen Ton mehr hat und schlechter und älter geworden, als damals die Lalande; der Tenor Basa

Donna, ohne Stimme und Talent, die Granchi (Seymour) zu schwach
für die Scala; Marini, der einzige, der hier ausreicht. Das Orchester nicht ausgezeichnet, aber stark besetzt, acht Contrabässe,
die Chöre gleichfalls zahlreich. Die komische Oper: Gli avven-
turieri; von M⁰ Cordelia, niederträchtige Musik; Madame d'Alberti,
zu schwach für die Scala, Buffo Galli bekannt. Diese beiden
Opern wechseln immer ab, und jeden Abend nach dem ersten
Act ein infam langes und langweiliges Ballet Antioco ed Arsete,
so dass der zweite Act der Oper nach 11 Uhr anfängt, und das
Theater erst nach Mitternacht schliesst.

Den 17.

Das ist eine schreckliche Monotonie in diesem Turin. Ausser
einer Gemäldesammlung, einem zusammenfallenden ägyptischen
Cabinet und einer Waffensammlung gibt's gar nichts zu sehen.
Notabilitäten von Künstlern existiren hier gar nicht, mit Ausnahme des Dichters Romani (der die Norma und andere libretti
geschrieben). Die Oper ist schlecht. Das recitirende Schauspiel
hat drei Künstler von Belang: Vestri (Mittelding von Scholz und
Wilhelmi); Madame Bettini, die Närrinnen spielt und die Schröder
noch übertreibt; dann Mademoiselle Ristori, unser einziger ristore
in dieser Künstlerarmut, denn sie ist eine schöne, edle und natürliche Erscheinung. Prechtler fühlte sich getrieben, an sie beilie-
gendes Sonett zu machen, und hätte gewünscht, es in der Gazetta
piemontese übersetzt erscheinen zu lassen. Desshalb und auch
sonst, weil es interessant war, wollten wir den Dichter Romani,
redacteur des Piemontese, besuchen. Wir sind jedoch hier ganz
ohne Cicerone, denn der einzige Deutsche, der Zeit dazu hätte,
ist ein entsetzliches Schaf, der uns noch zu gar nichts verhelfen
konnte. So hiess es denn auch von Romani, er sei ein Misanthrop
und liege den ganzen Tag im Bett. Ich wandte mich nun an den,
dem wir am meisten Aufschlüsse über Turin verdanken, an Frez-
zolini, so hiessen wir nämlich unsern Barbier, weil er so angezogen
ist, wie der dottore Dulcamara. Der kam denn heute früh mit
der Nachricht, Romani sei von unserer Absicht, ihn zu besuchen,
prävenirt und erwarte uns. Wir profitirten davon, ich führte mich
als gran compositore und den Prechtler als primo poeta tedesco
auf, und so schwatzten wir eine halbe Stunde von Kunst und
Literatur.

Dem Nicolai sprach Romani alle immaginazione ab, den Bellini erhob er über alles. Als nun schon Prechtler das Sonett an

die Ristori vorbringen wollte, fing Romani ganz despectirlich von ihrem zu einfachen Spiel zu reden an, es sei nichts daran. So sind diese Italiener, sie wollen nichts als Uebertreibung und Unnatur. Wir empfahlen uns somit, und beschlossen, das Sonett unmittelbar durch den Lohnbedienten an Mlle Ristori zu schicken. Es wurde ein Zettel verfasst, des Inhalts:

Due artisti stranieri passando per Torino offrono all' amabile Signora Ristori un testimonio della loro sincera ammirazione per il di Lei egregio talento. Non conoscono abbastanza l'idioma italiano per esprimere in questo ciò che sentono, ma sperano che se per sorte si trovasse un traduttore, il contenuto del foglio annesso verrà accolto con benevolenza.

Giov. Hoven,
Ottone Prechtler,
di Vienna in Austria.

Aufschrift: A Mlle Marie Ristori.

Abends gehen wir ins Theater; man gab la famiglia Rickeburg und Il furfantello di Parigi. Mlle Marie Ristori tritt auf; sieh da! ein kleines unansehnliches Ding, die eine Statistenrolle gibt, und nach zwei herausgestotterten Worten wieder abtritt. Es findet sich, dass es mehrere Schwestern Ristori gibt, und dass unsere Schöne nicht Marie heisst, wie Prechtler behauptet hatte; was wird nun Marie Ristori, die „Flitschen" und Statistin sich denken, wenn sie das Billet bekam, worin von ihrem egregio talento die Rede ist?

In Turin misslingen halt alle „Geniestreiche".

Florenz, den 24. Mai 1840.

Montag den 18. hatte ich in Turin Audienz beim König, mit dem ich tête à tête eine Viertelstunde causirte, und der ein wirklich zauberisches, liebevolles Benehmen hat. Nach Tisch fuhren wir ab, aus dem langweiligen Turin, fort, fort, über Asti, Marengo, Novi in die Apenninen, dann herab von denselben an's Meer nach Genua, wo wir den 19. um 2 Uhr Nachmittags ankamen.

Hier suchten wir gleich Otto Nicolai auf; ein Neger, Bedienter, bedeutete uns, der Herr sei beim Essen; wir liessen ihm sagen, er solle gleich zu uns kommen. Abends gingen wir ins Theater: Lucia di Lammermoor, mit der Mazzini, Signori Negrini, Salvi. Da fanden wir Nicolai im Parterre, der mir um den Hals fiel.

Er wusste nichts von unserer Visite, der Neger gehöre nicht ihm. Tags darauf besuchte ich unsern Consul, Martignoni; dann gingen wir zu Nicolai frühstücken.

Der berühmte Palast Genua's ist jener der alten Doria; den einen Flügel bewohnt der junge Fürst Doria, den andern — Nicolai, der ein Freund des Fürsten ist. Auf der weltberühmten Terrasse rauchten wir Cigarren, auf den Sessel Karls V. setzten wir uns nieder; was hätte der alte Andreas gesagt, wenn er wieder gekommen wäre? Und wie hätten ihm die Ouverturen aus der Johanna und Turandot gefallen, die ich mit Nicolai spielte, während die sardischen Schiffe im Hafen unter unseren Fenstern kanonirten, weil eben ein Festtag war. Sodann gingen wir mit Nicolai in den Palast Durazzo, wo uns Graf und Gräfin Durazzo die Merkwürdigkeiten zeigten. Andere prächtige Paläste haben wir besehen, das teatro von Innen, den Freihafen, die banchi etc. Gespeist in einer osteria: frische Austern, detto Oliven, Datteln etc.

Abends mit Martignoni spazieren in Rosenhainen. Ganz Genua duftet nach Orangen, da diese hier im Freien wachsen. Das ehemalige Haus Fiesco's gesehen. Doria, Fiesco, der Mohr! A propos des Mohren fand ich zu Hause eine Visitkarte: Chevalier Nicolai, consul d'Amérique; es war also nicht der Maestro Nicolai gewesen, zu dem man uns zuerst gewiesen hatte. Abends dann in Doria's Loge Nicolai's Oper gehört: Il templajo, die sie schon zum 21. Mal gaben, und die nicht übel ist. Er, Nicolai, ist noch immer der Alte, und trägt den Siegelring am Finger. — Tags darauf, den 21. früh von Genua weg, durch die Riviera di Levante. Du wirst auf der Karte sehen, dass das Meer uns begleitete, bisweilen flog sein Schaum bis in unseren Wagen. Dann ging's wieder auf die höchsten Gipfel der Apenninen, terra desolata, schauerlich. Abends waren wir in Spezzia, wo wir in einer barchetta uns im Meerbusen herumführen liessen. Tags darauf, am 22, fuhren wir mit Regen ab; in Sarzona angekommen, fand es sich, dass Martignoni unterlassen hatte, uns das toscanische Visum auf den Pass zu verschaffen, es musste eine Staffette nach Spezzia zurückgeschickt werden. Aufenthalt. (Früher hatten wir den Strom la Magra, theils auf Plätten, theils von Männern durchs Wasser getragen, passirt.) — Nun ging's über Carrara, wo wir Bildhauer-Ateliers sahen, nach Pietra Santa, wo wir übernachteten. Tags darauf, den 23., um 4 Uhr früh weg nach Lucca, von da nach Pisa, und endlich um 5¹/₂ Uhr Nachmittags in Florenz angekommen. Wir kehrten im eleganten hôtel della Nuova-York ein. Nach einem tüchtigen Diner — wir waren von 4 Uhr früh bis Abends, ohne einen Bissen zu essen, geflogen und hatten nur in Pisa die Kathedrale angeschaut — gingen wir in mehrere Kirchen.

In Florenz gibt's zu sehen für drei Wochen, ich will kaum so viel Tage darauf verwenden, um nur bald bei Euch zu sein.

V.

Nach seiner Rückkehr aus Italien, wo Vesque seine Aufgabe glücklich gelöst und fruchtbringende Anregung reichlich genossen hat, folgte wieder eine Periode rüstigen künstlerischen Schaffens. Die im März 1839 begonnene, November 1840 beendete Johanna d'Arc, romantische Oper, zu welcher den Text Otto Prechtler, der Reisegenosse Vesque's geschrieben, ist am 30. December 1840 an der Wiener k. k. Hofoper, dem sogenannten Kärntnerthortheater, aufgeführt worden. Sie fand eine höchst beifällige Aufnahme und die Darstellerin der Titelrolle Frau Hasselt-Barth, feierte auch ihrerseits durch edlen musikalischen Vortrag und ihr begeistertes Feuer einen Triumph. Staudigl sang den Dunois, Schober den Lionel.

Publicum wie Kritik waren dem Werke gewogen; es wurde in Wien 1841 zehn Mal wiederholt, um dann auf einige deutsche und kleine österreichische (Brünner, Lemberger u. a.) Bühnen überzugehen. In London, wo sie gegeben werden sollte, wurde die Erlaubniss dazu vom Oberstkämmerer vorenthalten, weil das Sujet für die Engländer unangenehm sei.

Dafür erlebte die „Jeanne d'Arc" 1845 in Dresden eine brillante „prima recita", das Haus war überfüllt, der ganze Hof gegenwärtig, Johanna Wagner, Nichte Richard Wagner's, schlug als Johanna durch, die Oper gefiel, die meisten Nummern wurden repetirt.

1842 war sie bei der Vermählungsfeier der Prinzessin Alexandrine von Baden in Karlsruhe gegeben worden, und erhielt sich mit gesteigerter Wirkung einige Jahre lang auf dem Repertoire.

Die „Jeanne d'Arc" erfreute sich überhaupt in den Vierziger-Jahren einer gewissen Popularität und es wurden in Folge der herrschenden Unsitte, Opernnummern im Concertprogramme einzuschmuggeln, der Doppelchor der Engländer und andere in Concerten vielfach producirt.

Ueber die erste Aufführung der Oper in Breslau liegt folgender Brief Holtei's vor:

Breslau, 16. März 1845.

Gestern, mein verehrtester Freund, hab' ich die Stelle eines hiesigen Theaterdirectors in jene Hände übertragen, welche schon vor meinem Eintritte danach griffen (natürlich ohne dass ich es wusste, denn sonst wär' ich nicht eingetreten), und heute als freier Mensch setz' ich mich, obschon etwas spät, weil ich den ganzen Tag durch lästige Besuche in Anspruch genommen war, hin, um Ihnen zu erzählen, dass Jeanne glücklich von Stapel gelaufen ist. Das Haus war voll, die Stimmung günstig, Madame Köster bei Stimme und in redlichem Eifer, die ganze Vorstellung löblich. Das Hervorrufen nach den Acten ist hier nichts Alltägliches. Demnach verdient erwähnt zu werden, dass Madame Köster nach dem ersten und zweiten Acte stürmisch verlangt wurde, das Duett im dritten Act fand rauschenden Beifall. Am Schlusse wurden alle und zwar sehr vollstimmig verlangt.

Ueber die eigentliche und innere Wirkung der Oper kann ich deshalb nicht berichten, weil ich, meine Function auf den Brettern zum letztenmale übend, alles aus den Coulissen mitansehen musste und deshalb wohl sagen kann, dass ich lauten unverkümmerten Beifall vernommen, aber die Grade desselben, in Beziehung auf ihren Ursprung (will sagen auf den mimischen Ausdruck der Applaudirenden) nicht beobachten konnte, was mir nach meiner Theaterpraxis höchst wichtig scheint, wenn man für die Zukunft eines theatralen Werkes das Prognostikon stellen will.

Gefallen hat Ihre Oper und Beifall hat sie in reichem Masse gefunden. Ob sie für die Casse einschlagen wird? ist jetzt noch nicht zu bestimmen. Was an mir lag, habe ich noch scheidend gethan; denn auf das gestrige Repertoire, meinen Schwanengesang, hab' ich sie für Dienstag den 18. und für den zweiten Feiertag angesetzt. Gott gebe, dass die Köster nicht heiser wird. Der harte Winter scheint dieser zarten Organisation sehr schädlich zu sein. Beide Köster's, er und sie, meinen es gut mit Ihnen. Als ich nach dem ersten Acte freudig glückwünschte, sagte sie mit unverstellter Herzlichkeit: Ach, ich habe solche Angst gehabt! und er fügte hinzu: mehr für Püttlingen als für uns. Ihre Theilnahme war unverkennbar und wenn ich z. B. bedenke, wie verdrossen und matt sie die Amazili in Cortez genommen, so muss ich im Gegensatze sagen, dass sie mit allen Kräften des Leibes und der Seele an die Jeanne gegangen ist.

Sobald ich die Oper als Publicum mitangesehen, werde ich Ihnen als solches schreiben.

. Empfehlen Sie mich Ihrer Gattin und behalten Sie lieb

Ihren aufrichtigen

C. Holtei,

auch wenn er nicht mehr Director

der Affenbude ist.

Der Wunsch, das Kunstleben Deutschlands aus eigener Anschauung kennen zu lernen, trieb Vesque im Herbste 1843, begleitet von seinem Bruder und dem ihm befreundeten Baron Nell, der in Berlin einen Postvertrag abzuschliessen hatte, nach dem Norden.

„Wir sind seit einer Woche in Leipzig, dieser musikalischesten Stadt Deutschlands," schreibt er am 4. November 1843 an seine Frau, „und haben es in artistischer Beziehung recht ausgebeutet. Da mir bei diesem Treiben wenig Zeit blieb, Dir, theuerem Engel, zu schreiben, so schicke ich Dir die Skizze meines Tagebuches, das Dir freilich nicht amüsant zu lesen sein wird, aus dem Du aber ersehen wirst, dass ich meine Musikzwecke in Leipzig ziemlich erreichte."

Am 29. in Leipzig. Beschlossen einige Tage hier zu bleiben, da Mendelssohn da ist und Nell allein nach Berlin fahren lassen. Den 30. Probe des Gewandhaus-Concertes. Anfangs hielt ich Ferdinand Hiller (belle barbe, etwas jeune France) für Mendelssohn. Hernach gewahrte ich Letzteren einsam im Orchester stehend. Ich ging auf ihn zu und stellte mich vor. Kurzes, allgemein gehaltenes Gespräch und Antrag Mendelssohn's, mich für das Concert abzuholen. Um 6 Uhr kam Mendelssohn zu mir; geistreiche Augen, lebhaft im Gespräch; sagt oh! verwundert zu Allem; sprach von Turandot; erkannte Charles von der Schweizer Reise her; frug mich, ob ich hier was geben wolle, lud mich und Charles auf Donnerstag zu Tisch. Ins Concert; res severa est verum gaudium;*) Saal akustisch; sinnige Mädchen; aufmerksames

---

*) „Res severa est verum grandium" (Inschrift auf dem Concerthause zu Leipzig [Gewandhaus], welches den dortigen Concerten den ernsten Charakter wahren sollte und auch gewahrt hat.

Publicum. Niemand wurde empfangen oder herausgerufen. Nach dem Concert vorgestellt durch Mendelssohn dem David und Hiller Wiedersehen des R. Schumann und der Clara. Clara spielte mit Mendelssohn und Hiller ein Bach'sches Concert für drei Claviere.

Dienstag den 31. — Heute ist hier Reformationsfest, alle Buden zu, alles in der Kirche. David kam; da mir das clavierlose Zimmer gar sehr das Gefühl der Fremde und Verlassenheit unterhielt, so frug ich ihn wegen eines Claviers. Wir gingen miteinander zum Kunsthändler Klemm bei dem ich ein Quer-Clavierl von Ehrlich in Wien mietete auf acht Tage; alles kostet hier zu Lande einen Thaler. Nach Tisch Hiller besucht, seine Frau eine grosse réjouie; recht natürlich; er freundlich und gebildet; er lud mich zum Essen auf morgen ein. Mit Charles hierauf im Rosenthal spazieren gegangen; schöner grosser Park wie der Prater, nur dass nirgends ein Berg auftaucht.

Das Wetter ist wunderschön warm; Mondschein; die Bäume belaubt, jedoch gelb. Il n'y a rien qui ressemble moins à une femme qu'une vieille femme; nichts sieht für mich weniger der schönen Natur gleich, als die schöne Herbstnatur.

Abends es abermals versucht, zu Schumann zu gehen; abermals nicht zu Haus.

Am Rückweg grosses Getümmel vor der Universität gefunden; es waren die Studenten, welche dem neuen Rector einen Fackelzug brachten; viele in Burschenkleidung mit hohen Stiefeln, Schärpe und Schwert; mehrere hundert Fackeln; grosses Hallohrufen; was hätten sich bei uns die Polizeimänner für air's gegeben; hier ging alles heiter und ohne Störung zu.

Ich habe heute mein Abendlied von Goethe copirt und corrigirt.

Mittwoch den 11. — Um neun Uhr in die Probe des Gewandhaus-Concertes. Symphonien von Mozart in-C, Leonore-Ouverture; Mlle Birch aus England superber Sopran; Violoncellist Melzel. Orchester vortrefflich; David probirt sehr gut; Hiller dirigirte mit Geist. Der einzige Graf in Leipzig, Graf Reuss, ein Mäcenas. Die Gewandhaus-Concerte sind eine hundert Jahre alte Einrichtung, vom Bürgermeister Müller gegründet; am Abend des Concertes darf kein Theater sein; am Vormittag vorher keine Theaterprobe; sie rentiren sich durch die Abonnenten; Mlle Birch ist auf drei Monate engagirt, à fünf Pfund per Concert. Das Orchester sehr gebildet; sie probiren gern oft, sagte mir David, denn es freut sie, wenn etwas gut geht, da sie Ehrgefühl haben. Wer raisonnirt, zahlt fünf Thaler, das zweitemal zehn, das drittemal wird er ausgeschlossen; keiner der Fälle kommt aber vor. O Wien! o Kärnthnerthor! — Um 1 Uhr ging ich zu Hiller; es war dort der Componist Gade aus Copenhagen, dessen Symphonie Furore hier gemacht; er sieht dem Mozart und Rigondi ähnlich. Wir probirten einige meiner Sachen, die ich Mme Hiller gebracht, die recht gut liest. Diner mit den berühmten Leipziger Lerchen. Nach Tisch noch ein wenig Musik gemacht; Mme Hiller mich aufgefordert, etwas in ihr Album zu componiren.

Abends Soirée bei David; es kamen Hiller sammt Frau, Gade, Mendelssohn sammt Bruder, Advocat Kraus, Schleinitz etc. Man spielte ein Quartett von Haydn (d-moll), David und Joachim aus Wien die Violinen, Felix Mendelssohn die Bratsche, sein Bruder Cello; hierauf spielten Gade und Hiller Gade's nordische Tonbilder vierhändig, recht hübsch; dann sang ich: Seejungferngesang, Schlechtes Wetter und Pfarrers Familie. Grosse Aufmerksamkeit und Theilnahme. Nun kam ein Quartett von Mendelssohn (a-dur) David, Joachim, Gade (Viola) und Mendelssohn's Bruder. Darauf verlangte man wieder von meinen Liedern; ich sang: Rheinfahrt, Im Traume, Der Tänzer.

Mendelssohn und Hiller nahmen dann das Heine'sche Cahier und perlustrirten es mit grösster Aufmerksamkeit und stillen Bemerkungen. Es kam ein Souper, das bis 11 Uhr dauerte. Mendelssohn hatte mir schon heute früh in der Probe angetragen, mir Bach'sche Fugen auf der Orgel in der Thomaskirche (wo Bach Organist war) vorzuspielen. Mendelssohn ist sehr lebhaft, ein Spassmacher; seine Augen funkeln und stehen ihm fast zum Kopf heraus. Heute Vormittag besuchten mich Schumann und Clara; sie ist mager; die Augen noch immer melancholisch und ausdrucksvoll; beide recht herzlich. David hat drei Kinder, deren Anblick mich wehmüthig stimmte; viel nach Hause gedacht.

Donnerstag den 2. — In die Funkenburg hinausgegangen zum Dr. Fink, gewesenen Redacteur der Leipziger Musikzeitung. Mein Name war ihm und seiner Frau bekannt; eine halbe Stunde conversirt; er ist ein alter Pedant, Gegner Mendelssohn's und Schumann's, aber voll Verstand und Begeisterung für die gute Sache. Neben ihm wohnt Lortzing, den ich besuchte, der aber eben in Halle war. Bei Mendelssohn gegessen; er, sein Bruder aus Berlin, Gade; Madame Mendelssohn, schöne, liebe Frau, wie ein Bild von Lukas Cranach, stille und ruhig, sanft und sinnig, echte deutsche Frau, dabei nicht prätentiös; zwei enorm blühende Kinder von der dicksten Sorte; ein Mädchen von vier Jahren, ein Paul von drei Jahren, im Ganzen sind vier Kinder da. Speisezettel: Soupe Française, Lerchen mit Sauerkraut, schöpserner Schlegel mit Erdäpfeln und Rapunzeln, dann süsse Fisolen mit Zwetschken, Reismehlspeis; Dessert: Weintrauben, Birnen und Chocolateplätzchen. Dazu Bordeaux.

Felix sehr lustig und spassmachend; kein Wort von Musik gesprochen, desto mehr von Malerei; er trank mir zu auf die Familie in der Ferne. An der Thürpfoste wurde die ganze Gesellschaft gemessen.

Ich brachte ihm mehrere meiner Lieder. Clavierspielen wollte er nicht; er sei nicht disponirt, nach Tisch was Tüchtiges zu spielen, doch wolle er mir morgen seine Symphonie eigens vorspielen lassen.

Abends Gewandhaus-Concert.

Freitag den 3. November. — Früh in den Gewandhaussaal. Man probirte eine Symphonie von Netzer, welche einstimmig als „Dreck" verworfen wurde. Noch schlimmer ging's der Preyer'schen Symphonie, von der man nur den ersten Theil spielte und auf meine Recommandation das Scherzo, auch sie wurde zur Aufführung ungeeignet erklärt. Wie wird's meinem Schmiedechor aus dem Käthchen gehen, den ich bei der Direction eingereicht habe?

Nun stellte sich Mendelssohn an die Spitze seines Orchesters und producirte mir zu Ehren seine neueste Symphonie. Nach Haus und vor Tisch noch eine Barcarole für das Album der Mme Hiller componirt. Den „Säuferkampf" *) corrigirt. Nach Tisch zu Hiller die Barcarole in's Album eingeschrieben, mehreres gesungen, dann in's Conservatorium, wo Organist Becker einen Cursus über die Geschichte der Musik eröffnete, der mich in einen gesunden Schlaf einwiegte. Nach der Vorlesung stellte mich Hiller dem Hauptmann, Redacteur der allgemeinen Musikzeitung, vor. Abends bei Hiller Thee genommen.

---

*) „Der Säuferkampf," komische Ballade von Aug. Schmidt, für Bassstimme mit Clavier, componirt von J. Hoven. op. 25.

Vesque an seine Frau!

Berlin, den 8. November 1843.

Ich muss doch wieder meinen Gedanken, die immer bei Dir und den Kindern sind, Worte geben, und diese Zeilen in Deine lieben Hände gelangen lassen. Aus Leipzig habe ich Dir am 4. d. M. geschrieben. An jenem Tage hat es noch manch' musikalischen Genuss gegeben. Mendelssohn spielte uns in der Thomaskirche Orgel vor; die Bach'schen Fugen in As-moll und D-dur, dann Motetten und anderes mit wunderbarer Virtuosität. Hierauf war Diner bei Schumann; sehr freundlich und herzlich; Schumann'sche Ehepaar, Vesque'sche Gebrüder, Componist Gade und Mme Frege, welche Mendelssohn für die beste Liedersängerin Leipzig's erklärt. Nach Tisch sang ich einige meiner Heine'schen Lieder, dann die Lotosblume u. a. m. von Schumann, der hoch erfreut darüber war.

Madame Frege sang das Lied an die „Braut", den Nussbaum etc. sehr hübsch. Mir war so schwer, als ich da sass weit von der Heimat, die Sonne ging nieder so blutig roth — Schumann's Aussicht ist ein Horizont à la Penzing — und da wurden jene Lieder gesungen, die wir so oft miteinander aufgeführt haben.

Abends waren wir wieder sehr begünstigt. Die durchreisende Grossfürstin Helene begehrte nämlich ein Privatconcert, und da veranstaltete Mendelssohn ihr eines im Gewandhause unter dem Vorwande einer Probe; niemand durfte dabei erscheinen als die Grossfürstin, ihre beiden Töchter, die zwei Prinzen von Nassau, der Prinz von Württemberg, ein paar Hofdamen und Kammerherrn und die beiden Vesque.

Man führte unter Mendelssohn's Leitung auf: Die besten Chöre aus dem Paulus; Jerusalem, von Mlle Birch gesungen; Ouverture zum Sommernachtstraum (zweimal); Psalm: wie der Hirsch schreit, mit Solo von Mme Frege; dann producirte sich noch Mme Hiller, David und Clara Schumann. Nach dem Concert nahmen wir Abschied von den freundlichen Leipzigern und Tags darauf flogen wir über Halle, Cöthen, Dessau, Wittenberg in sieben Stunden per Eisenbahn nach Berlin, wo wir Nell gut installirt im Hôtel de Portugal fanden. Seitdem ich hier bin, weiss ich vor lauter Aufführungen nicht, wo mir der Kopf steht. Graf Trautmannsdorf und Kunsthändler Schlesinger nehmen sich meiner als Ciceroni auf's wärmste an.

Ersterer präsentirte mich dem Minister Fürsten Wittgenstein, Alversleben, Bülow, dem Theater-General-Intendanten Küstner; letzterer führte mich zu Rungenhagen, Director der Singakademie, Tuczek, Dehn und Spiker auf der Hofbibliothek, Rellstab, berühmter Kritiker, Kullak, Lord Westmoreland, sonst Lord Burghers, Componist und Mäcen, Maler Hensel sammt Frau (Schwester Mendelssohn's, von der auch mehrere Mendelssohn'sche Stücke sein sollen), Bildhauer Draschke etc. Im Königstädter Theater sah ich: i Puritani, sehr mittelmässig; im Schauspielhause: der Wildschütze, Oper von Lortzing, nicht bedeutend.

Hier kennt beinahe Jedermann den Namen Hoven und meine Turandot lebt im guten Andenken. Fürst Wittgenstein schrieb dem Küstner, er solle jetzt meine Johanna geben, und Trautmannsdorf lud ihn meinetwegen zum morgigen Diner, allein Küstner ist ein zweiter Baloghini, intraitable, und so lässt sich noch nichts über den Erfolg sagen.

25. November.

Ich lebe in einem wahren Taumel. Die diplomatische und die Kunstwelt nehmen mich dermassen in Anspruch, der Wechsel der Erlebnisse ist so gross, dass, wenn ich unterlasse Abends mir zu notiren, was ich am Tage gesehen, gehört und gelernt habe, ich Tags darauf kaum mehr zur Erinnerung kommen kann. Ich mache beinahe täglich ein grosses diplomatisches Diner mit, dann eine Soirée und noch eine après soirée tief in die Nacht.

Ich trinke jetzt mehr Champagner in einer Woche als in Wien in sechs Monaten; es ist mir aber gesund. Besagte grosse Diners finden statt bei Lord Westmoreland, Trautmannsdorf, Beer (Mutter und Bruder Meyerbeer's, er selbst ist in Paris), Magnus (Banquier), Mayendorf. Beim Grafen Redern war eine grosse musikalische Soirée, wobei Kullak spielte und eine junge spanische Dame sang, die Montenegro, Gemahlin eines Generals, der aus Spanien flüchten musste; sie ist nun für die Scala in Mailand engagirt, hat aber eine zu schwache Stimme dazu. In dieser Soirée wurde ich vom Grafen Redern dem Prinzen von Preussen (Bruder des Königs und Thronfolger) vorgestellt, der mit mir viel von der Post sprach. Es ist einmal den Berlinern nicht zu nehmen, dass ich Chef der Postmission bin, alle Zeitungen sprechen davon, so dass das Postministerium einen berichtigenden Artikel einrücken liess, ich sei nur zum Vergnügen hier und stünde mit Baron Nell nur in freund- und landsmannschaftlichen Beziehungen und hätte mit der Post nichts zu schaffen. Dessenungeachtet bringen die Zeitungen beinahe täglich dieselbe Behauptung, dabei wird auch immer von Hoven und von der Turandot, Johanna, Käthchen gesprochen und jetzt beuten sie die Geschichte mit meinem Buch aus, und dem Cabinetsschreiben, das ich dafür vom König erhalten. Ich werde auch in eine Menge Vereine und Soiréen eingeladen, wo ich als Staatsrath Hoven-Püttlingen schreckliches Furore mache.

Ueber meine Heine'schen Gesänge sind die Leute ganz toll. Ich werde umarmt und geküsst (von Herren) und laut gepriesen (von Damen), wenn ich des Pfarrers Familie, das schlechte Wetter, im Traum etc. singe.

Grosses Furore macht besonders auch Phyllis und Tiren, das ich mit der Tuczek singe. Diese ist hier äusserst beliebt, hat aber auch bedeutende Fortschritte gemacht und singt meine Lieder, besonders die freundlichen: „Liebespost", „Binsenlied" etc. mit wunderbarer Gemüthlichkeit. Auch die Marx, eine gemüthliche Sängerin, ist von der Johanna ganz begeistert, und trug die Arie daraus in einer Soirée bei Haber hinreissend vor. Heute steht an allen Strassenecken gedruckt, dass Madame Fassmann „Das Weib des Räubers" von Hoven in einem Concerte singt; da sie aber hier nicht mehr recht beliebt ist, so habe ich ihr das Exemplar nicht geschickt unter dem Vorwande, ich hätte es vom Componisten nicht erhalten und so mag sie heute etwas anderes singen. Schlesinger hat mir alle meine Lieder abgenommen, gratis aber mit schönen Auflagen und enormer Verbreitung. Erschienen sind nun bereits: „Die Rheinfahrt" (Mendelssohn gewidmet), „Phyllis und Tiren" (der Tuczek), „Die Barcarole" (der Madame Hiller). Dieser Tage erscheinen: „Turineser Liebesgruss" und „Der Abend" von Goethe (dem Fräulein Marx gewidmet), „Nächtliche Wallfahrt und Aussöhnung" (dem Mantius), „Der Abendhimmel" (dem Böttcher). In der „Cäcilie" (redigirt von Dehn) erscheint: „Die heiligen drei Könige". In der Folge will Schlesinger dann noch die komischen Gesänge, nämlich diese drei Könige und die zwei Fräuleins in einem Hefte eigens herausgeben. Mit Freude las ich, dass Du „Auf Flügeln des Gesanges" gesungen. Sollte das am selben Abend gewesen sein (d. 19.), wo ich dasselbe Lied bei Madame Hensel sang? Sie ist Mendelssohn's Schwester und accompagnirte mir dazu. Hensel ist ein hier sehr beliebter Hofmaler; er hat ein Album, das er der k. Hofbibliothek nach seinem Tode zu hinterlassen gedenkt,, nämlich die Porträts au crayon aller Notabilitäten, mit denen er auf seinen zahlreichen Reisen verkehrte, nebst dem Autograph darauf; so z. B. Königin Victoria, Prinz Albert, die preussische Königsfamilie, alle Maler in Rom, Liszt, Ernst, Madame Unger, Pasta etc. und nun auch J. Hoven, da ich ihm gleichfalls sitzen musste; er hat mich aber zu schlank und jung gemacht.

Gestern wollte ich eben um 10½ Uhr Vormittags einige Visiten machen, als der Portier athemlos ins Zimmer stürzt: S. M. der König lässt sich die Ehre ausbitten zum Mittagessen nach Charlottenburg um 3 Uhr. Da auch an Nell dieselbe Einladung kam, so schickte ich diesem nach, denn er stieg bereits in der Stadt herum, wurde aber glücklich gefunden. Wir zogen Uniform an, con tutte le decorazione und fuhren nach Charlottenburg. Hier empfing uns der fungirende Kammerherr, Graf Dönhof, in blauem Frack und rothen Aufschlägen, was die gewöhnliche Tracht der Hofcavaliere ist. Er führte uns in ein Zimmer, ganz mit grünem Damast und Silber geschmückt.

Nach und nach traten ein: vier elegante Hofdamen, von denen ein Fräulein von Hag, ein sehr hübsches blühendes Mädchen; ferner zwei Deputirte aus Posen, der österreichische Rittmeister Graf Dubski, der Minister Alvensleben, der Adjutant Finkenstein und noch einige junge Kämmerer. Die Flügelthüren gingen auf, der König erschien mit der Königin. Finkenstein stellte uns dem König, Graf Dönhof der Königin vor; beide sprachen freundlich mit uns, und als ich dem König sagte, ich sei nach Berlin gekommen, um auch eine meiner Opern auf die Bühne zu bringen, antwortete er: lh! das wäre ja ganz deliciös! Nun ging er mit der Königin am Arme in den Speisesaal (mit gelben Vorhängen und Säulen), ein kleiner Neger nahm mir den Hut ab, der Kammerherr wies mir den Platz vis-à-vis der Königin, dem Nell an meiner Seite vis-à-vis dem König an.

Da der Tisch schmal war, so fand die Conversation über denselben Platz; beide Majestäten sprachen heiter und liebenswürdig; der König frug mich über meine Ansicht in Betreff des „Timotheus", den man Tags vorher in der Singakademie recht matt gegeben hatte u. s. w. Nach Tisch gingen wir wiederum in das grüne Zimmer, wo man Caffee nahm, conversirte und mit der kleinen holländischen Prinzessin (Tochter des Prinzen Friedrich) sich unterhielt; der König spielte mit ihr wie ich mit Charlot.

Endlich verbeugten sich beide gegen die Gesellschaft und zogen sich in ihre Gemächer zurück. Der König sieht stark aus, sehr heiter und man sieht ihm den geistreichen Mann an der hohen Stirne an. Die Königin ist eine höchst anmuthige Erscheinung; Schwester der Erzherzogin Sophie hat sie auch dieselben schönen Augen und das süddeutsche gemüthliche Reden. Dieses Diner war eine um so grössere Auszeichnung, als es eben nur Familientafel war. Ich dachte während ich da sass, was Du wohl unterdessen machen mögest. Es ist überhaupt eigen, dass Du, theurer Engel, mir unablässig erscheinst. —"

. . . .

In diesem Taumel ging es fort bis Anfang December, ja der Strudel der Geselligkeit steigerte sich von Tag zu Tag. Mendelssohn kam auch nach Berlin und erhöhte für Vesque den Reiz des Aufenthaltes. Die Berlinerinnen schwärmten für Vesque's Muse, manch norddeutsches Mädchen liess ihm sagen, sie sei auch Sängerin und möchte von ihm accompagnirt werden. — „Wenn ich nicht, nach dem Drange meines Herzens, mit jeder Dame gleich, von meiner lieben Frau und meinen sechs Kindern zu reden anfinge," schreibt er aus Dresden nach Hause, „ich hätte vielleicht einige rosafarbene Billetchen und poulets mitzunehmen, so aber bin ich als solider Staatskanzleirath abgereist."

Auf der Rückreise verweilte er wieder in Leipzig, wo Schumann eben die erste Aufführung von „Paradies und Peri" vorbereitete. Vesque sprang bei dieser Gelegenheit im Gewandhause an Stelle des erkrankten Tenors ein, um die Worte des pestkranken Jünglings zu singen. Einige Jahre später schickte Schumann, noch in dankbarer Erinnerung an diese Aushilfe, das Autograph des kleinen Musikstückes. Von Leipzig kehrte Vesque über Dresden nach Wien zurück.

Wieder im Sommer 1845, hat Vesque Deutschland besucht, als das Bonner Beethovenfest viele Musikcelebritäten aus den verschiedensten Weltgegenden an den Rhein zog. Er verband diesen Ausflug mit einem Besuch in Johannisberg beim Fürsten Metternich und einem Aufenthalt in Karlsruhe, wo die Grossherzogin gewünscht hatte, den Componisten der „Johanna d'Arc" kennen zu lernen. Zuvor aber geleitete er seine Frau, die eine Cur in Kreuznach gebrauchen sollte, an ihren Bestimmungsort.

Vesque an seine Frau.

Köln, den 1. August 1845.

Liebster Engel! Mit tiefer Wehmuth habe ich dem Schiffe nachgesehen, das meine theuere Dulderin davontrug; ich ging noch über die Brücke und jenen Weg am Rhein hinab, wo wir Tags zuvor mitsammen gewandert waren, bis ich endlich den Dampfer aus dem Auge verlor. Um 12^1/$_2$ Uhr kam auch mein Schiff an, so dass ich um 4 Uhr in Bonn ankam. Dort angelangt, verfügte ich mich in den besten Gasthof „zum Stern" und frug nach Liszt. Man sagte mir, er sei eben in Köln, wo die Proben der Concerte gehalten werden.

Ich stiefelte zur Eisenbahn und war in einer Stunde in Köln, stieg im „Kaiserlichen Hof" ab und suchte Liszt beim Claviermacher Eck und Comp., woselbst er wohnt, auf. Eben kam er nach Hause, war sehr erfreut, mich zu sehen und trug mir an in's Theater zu gehen. Hier gab man das Fest der Handwerker (sehr trivial), dann ein Concert: Oberon's Ouverture, schlechtes Orchester. Strauss und Morelli würden sich für ein solches Orchester bedanken. Ferner Herr Staudigl und Fräulein Diehl aus Wien; ersterer sang: „Das Alpenhorn" in der Tenorlage mit Waldhorn, „Polacca" aus „Jessonda" und auf Verlangen (auch hier so!) Arie aus „Lucrezia Borgia"; dann „Bella imago" aus „Semiramis" mit der Diehl, welche noch „Auf Flügeln des Gesanges" und „Ob sie wohl kommen wird" von Preyer zum Besten oder eigentlich zum Schlechtesten gab. Fräulein Diehl hat missfallen, Staudigl hat den Beifall der Menge. Wenn hier etwas gefällt, schreit das Publicum: Dusch! worauf das Orchester mit Trompeten und Pauken dareinfällt, was heute am Schluss des Concertes nach der Arie aus der „Lucrezia" stattfand. Nach dem Theater ging ich mit der Eck'schen Gesellschaft: Monsieur Lefevre und Frau, Mlle Fabricius, Mlle Sachs (Sängerin aus Leipzig, die mich damals in der Schumann'schen „Peri" im Gewandhaus singen hörte) u. a. m. zu Liszt zurück. Hier war ein nettes Souper und wir plauderten bis 11^1/$_2$ Uhr Nachts, wo mich Liszt noch nach Hause führte. Er ist sehr männlich im Gesicht geworden, fahl und braun, doch noch der alte Enthusiast; erinnert sich an alle Wiener Zustände genau, frug viel nach Dir und den Kindern und will uns im März in Wien besuchen. Jetzt ist es 9 Uhr früh und ich erwarte Liszt, der mit mir die Merkwürdigkeiten Köln's besichtigen will. Er bat mich dringend, einen Chor für das Beethovenfest zu componiren, was ich jedoch nie thun möchte, da zu einem solchen Feste doch nur Beethoven'sche Musik aufgeführt werden sollte.

Fortsetzung in Ostende, 3. August.

Liszt kam nicht um die verabredete Stunde, da er durch einen Besuch der Miss Kemble aufgehalten worden war. Ich ging nun allein aus, nach Deutz, und besah den wundervollen Bau des Domes, der wirklich, wenn man so fortfährt, in dreissig Jahren fertig werden kann. Nun besuchte ich Liszt; er war unterdessen bei mir gewesen und wollte mich zu Wagen in Köln herumführen. Er spielte mir ein Andante von Krol (seinem Schüler) vor, ein von Liszt componirtes Sonett des Petrarca, endlich aus der Partitur seine in Barcelona componirte Cantate zum Beethovenfest, ein Stück voll Kraft und Feuer; das Andante ist jenes aus dem B Trio.

Nun kam ein Bedienter und sagte: il est servi; ich wollte mich empfehlen, aber man behielt mich da zu einem sehr guten Diner mit Champagner. Liszt brachte Deine Gesundheit aus.

Um 3 setzte ich mich auf die Eisenbahn, war um 6 Uhr in Aachen, um 7 Uhr in Verviers und um $9^{1}/_{2}$ Uhr Abends in Lüttich. Diese Eisenbahn durch die Ardennen ist wohl eines der grossartigsten Werke; man durchfährt alle Augenblicke einen Berg in einem ewig langen Tunnel.

Die Gegend ist sehr malerisch, vorzüglich um Verviers und Chaudfontaine. In Lüttich übernachtete ich und fuhr um $7^{1}/_{4}$ Uhr per Eisenbahn, zauberhaft im Fluge über Tirlemont, Louvain bis Malines, wo alle belgischen Eisenbahnen sich kreuzen; weiter über Gent, Bruges, endlich Ostende. Im Hôtel des Bains abgestiegen und hungrig eine table d'hôte eingenommen mit allerhand Seefischen und Seekrebsen und Ribisel so gross wie unsere Trauben. Während des Essens trugen zwei italienische Juden zu zwei Guitarren das Duett aus „Matrimonio segreto" mit Action vor. Nach Tisch litt es mich nicht länger: ich laufe zum Hafen und erblicke

Fortsetzung in Brüssel, 4. Aug.

ich laufe zum Hafen und erblicke — Herrn v. L. sammt Frau. Nach einigen Worten empfehle ich mich, und erblicke dann endlich die Nordsee, mein theures, altes, unbeschreibliches Meer!

Es war eben missmuthig gelaunt und erzählte seine uralten, aschgrauen Märchen. Ich blieb am Strande bis es Nacht wurde — im Leuchtthurm wurden die Lichter allmählig angesteckt — und liess mir die Wogen über die dicken Stiefel schlagen. Tags darauf (Sonntag) war ich wieder mehrere Stunden am Meere, denn in Ostende ist nichts zu sehen und in der Restauration am Damm sitzen die faden haute volée Badegesichter wie im Cursaal zu Kreuznach. Um 11½ Uhr fuhr ich nach Brüssel, wo ich mit Mühe ein Zimmerchen im Hôtel de Flandre fand.

Ich lief in der Stadt herum voll Erinnerungen an meine Eltern."

Nach einigen im Kreise alter Freunde, bei dem österreichischen Gesandten, in Brüssel heiter verlebten Tagen kehrte Vesque nach Bonn zurück, um dem Beethovenfeste beizuwohnen. Er berichtet über dieses an Dr. Julius Becher in Wien:

Kreuznach, den 16. Aug. 1845.

Liebster Freund!

Das Beethovenfest ist nun vorüber und wir können wirklich sagen, dass wir viel Vergnügen ausgestanden haben. Soll ich über den Charakter des Ganzen ein Urtheil fällen, so kann ich nur sagen — und alle Zeugen werden wohl beistimmen — dass die Geschichte, was Administration, Aesthetik und Würde betrifft, eine ganz verfehlte und misslungene war, und dass es für Beethoven's Gedächtniss, ja für ganz Deutschland selbst zu bedauern ist, dass es so gekommen. Die Schuld liegt ganz an dem Comité und dessen Präses. Es ist unmöglich sich ungeschickter, philiströser, roher und alberner zu benehmen als jener Professor und Präses des Comité, Dr. Breitenstein, und die etwa dreissig Mitglieder des Comité, mit Ausnahme von zwei bis drei Individuen, die sich ihrer Collegen schämten. Niemand von diesen Leuten, Präses und Mitglieder, waren sichtbar oder zugänglich und wenn man auch so einen mit der blaurothen Cocarde herumschleichen sah und ihn um eine Auskunft anreden wollte, so wich er nach Möglichkeit aus oder antwortete albern. So kam es nun, dass die unzähligen Fremden, welche das Beethovenfest nach Bonn brachte, sich ganz ohne Direction und Anhaltspunkt in Bonn fanden und nicht wussten, was? wo? und wohin? Keine ordentliche Fremdenliste, die einem die Adresse oder den Namen der Angekommenen angezeigt hätte; kein Programm über das, was den Betheiligten zu wissen nöthig war etc. etc. Mit Mühe und um theueres Geld musste man sich um Eintrittskarten bekümmern und bekam oft nichts, oder zu spät, oder Unpassendes. Wir Deutschen konnten uns denn noch verständlich machen, aber die zahlreich angekommenen Deputirten Frankreichs, Englands, Belgiens, Hollands, fanden sich wie auf offener Strasse ausgesetzt und waren ganz empört über den Empfang oder vielmehr Nicht-Empfang. Wie ich höre, hatten Jules Janin, Berlioz etc. eine officielle Demonstration zu Ehren Beethoven's im Namen Frankreichs vor, allein die Sache fiel in's Wasser, da sich niemand um sie kümmerte. Um der Verwirrung doch einigermassen abzuhelfen, hatte Liszt im Gasthause zum Stern und Fischhof bei Jaquet ein Zimmer als eine Art quartier général eröffnet, wo man sich den ganzen Tag sehen konnte, um die nöthigen Verabredungen treffen zu können. Leider wurde der thätige Antheil Liszt's, den er die ersten Tage mit gewohnter Energie bezeigt hatte, bald durch die Ankunft schöner Damen paralysirt, denen er nun alle seine Zeit zollte. Die wunderschöne Gräfin Kalergis, geborne Nesselrode, Madame Pleyel, die Tänzerin Lola Montez rückten mit ihrem schweren Geschütze an; da war es um Liszt geschehen; besonders hat ihn die Kalergis mit Zauberfesseln gekettet. War nun alles, was die Administration des Festes betrifft, ein Muster von Unordnung und Abgeschmacktheit, so kann man von dem künstlerischen Theil, von den Concerten, eben auch nicht viel Löbliches sagen. Das Orchester, grösstentheils aus Köln, war durchaus nicht ersten Ranges; besonders die Blasinstrumente, die Fagotte niederträchtig schlecht; ebenso schlecht Clarinetten und Trompeten; Waldhörner sehr schwach. Der Chor war dafür besser, doch hätte er noch mehr Proben gebraucht. Meyerbeer, der bei dem Musikfeste von Brühl und Coblenz war, um in Bonn nicht zu erscheinen, störte aber das Beethovenfest dadurch, dass er unter dem Vorwand der nöthigen Proben die Lind, den Mantius und Böttcher in Köln festhielt. Besonders durch diese verweigerte Mitwirkung des Mantius ist das Beethovenfest in die Klemme gerathen, denn die Tenorpartien mussten nun durch einen krähenden Dilettanten und durch den heisern Götz aus Weimar ganz traurig supplirt werden. Auch Staudigl konnte wegen einer Probe in Brühl bei der Production der C-Messe nicht mitsingen. Im Ganzen waren die Concerte mittelmässig in der Aufführung und einer Beethovenfeier nicht würdig.

Im ersten Concerte dirigirte Spohr (meisterhaft) die Messe

in D und die neunte Symphonie, die Soli wurden durch Fräulein Tuczek (genügend), Sachs (ungenügend), Kratky (ungenügend), Schloss (genügend), Beyer (ungenügend), Staudigl (brav) und den unglücklichen Dilettanten-Tenor vorgetragen. Vor der Enthüllung gab man unter Breitenstein's Direction in der Kirche die C-Messe, schlecht dirigirt und ausgeführt; hierauf im Freien vor dem Monument die Egmont-Ouverture für Blas-Instrumente, was aber in der Luft verscholl, und nach der Enthüllung eine Festcantate, componirt von jenem Breitenstein, ein so schmähliches Machwerk, dass mir wegen der anwesenden Fremden die Schamröthe in die Wangen trat und jede Begeisterung eines solchen Momentes nothwendig schwinden musste. Tags darauf im zweiten Concert gab man die Ouverture zu „Coriolan" (habe sie schon besser gehört), Canon aus „Fidelio", Clavier-Concert in Es, von Liszt vortrefflich vorgetragen, Introduction nebst Nr. 1 und 2 aus Christus am Oelberg, von der Tuczek sehr brav gesungen, die C-moll-Symphonie unter Liszt's Direction, ein Streichquartett (in Es mit den pizzicatos), vorgetragen von Hartmann aus Köln, Derkum, Weber und Breuer, sehr rund und präcis, nur etwas zu elegant für Beethoven'sche Composition und im grossen Saal verhallend; endlich das zweite Finale aus Fidelio herzlich schlecht, zumal ein schrecklicher Suppleant den Minister singen musste. Am letzten Feiertage war das dritte Concert, leider das unglücklichste. Man begann mit der Festcantate von Liszt. Diese ist ein sehr langes, geistreich gedachtes und feurig empfundenes Tonstück, nur etwas zerrissen. In der Mitte kommt das Andante aus dem B-dur-Trio nebst den Variationen vor, welche Liszt recht glücklich instrumentirte; schade dass statt der Harfe Kapellmeister Dorn am Clavier harpeggiren musste. Die Geschichte ging so schlecht zusammen, dass ich alle Augenblicke glaubte, sie würden förmlich umwerfen. Nach Beendigung der Cantate kamen die Hoheiten: König und Königin, Victoria, Prinz Albert, Erzherzog Friedrich von Oesterreich etc. etc. Da hat Liszt die ganze Cantate noch einmal aufführen lassen, was denn doch ein starkes Stück war. Hierauf kam das sogenannte Künstler-Concert, was aber ein wahres Pasquill auf Beethoven war. Zuerst die Adelaide in As-dur, niederträchtig gesungen von der Mlle Kratky, ehemaligen zweiten Sängerin des Josefstädter-Theaters, am Clavier begleitet von Liszt; ein höchst langweiliges modernes Virtuosen-Concert, langweilig auf der Kniegeige gespielt von Ganz, aus Berlin; Variationen für die Violine, ich glaube von

Weber, von der Pleyel gut vorgetragen; Arie aus „Fidelio", matt
gesungen von Fräulein Novello; Arie von Mendelssohn, genügend
vorgetragen von Fräulein Schloss; Variationen für Violoncell (noch
einmal die Kniegeige!) höchst langweilig, gespielt von Franco
Mendes, der aber auch gottlob! förmlich ausgezischt wurde,
besonders als er das Thema begann:

Schönes Thema für ein Beethovenfest!! Es waren noch viele
gleich interessante Nummern angesagt, dieses Concert monstre
aber dauerte bereits seit 9 Uhr Morgens; es war schon 1½ Uhr
geworden, und so begab sich alles zu den verschiedenen Festessen.
Hier sollte sich aber die Bestialität erst recht offenbaren.

Schon im ganzen Verlauf der Feste hatte sich der Studenten-
ton betrübend offenbart. In den Concerten, selbst in Gegenwart
des Hofes, gab es alle Augenblicke einen Krawall wegen des mit
bübischem Uebermuth vorgebrachten Rufs: Sitzen! Sitzen! so oft
jemand auch nur für einen Augenblick aufstand. Als der Festzug
in die Kirche ging, hatte das Volk dessen Eintritt nicht abge-
wartet, sondern das Thor der Kirche zu stürmen angefangen, wo
kaum dreissig Paare von dem Zuge in der Kirche waren (ich war
glücklicherweise darunter), der Rest des Zuges wurde tumultuarisch
mit der Volksmasse über die Treppe in die Kirche gestossen und
nun begann ein förmliches Stürmen der Kirche, das nicht eher
aufhörte, als bis wir alle wie in einem Sclavenschiff gepresst
standen. Bei dem Festessen im „Stern" war derselbe Geist der
Unordnung in Bestimmung der Plätze von Seite des Comité's zu
ersehen; als man endlich mit Mühe Platz genommen und bis zum
Momente der Toaste gekommen war, ging es los. Breitenstein
brachte zuerst einen albernen Toast auf Beethoven vor, Professor
Wolf aus Jena einen auf den Dreiklang: Grundton Spohr, Terz
Liszt und Quint Breitenstein. Liszt sprach nun: Wir sind aus
allen Gegenden hier versammelt: Engländer, Wiener, Holländer;
lasst uns etc. etc. Er wurde unterbrochen mit dem Ruf: Wir
sind auch Franzosen hier. Nun wurde Liszt böse und anzüglich,
Wolf stieg auf den Tisch und wollte die Sache vermitteln, aber
Officiere und Studenten machten einen solchen Lärm, dass er
nicht mehr sprechen konnte. Von diesem Augenblicke an liessen
diese Renommisten niemand mehr zu Worte kommen. Jules Janin,

Berlioz, Fétis etc. hatten Toaste vorbereitet, zu denen es nimmer kam; Greenisen (der Engländer von den „Times") stellte einen der am meisten lärmenden Bonner zur Rede, warum denn niemand mehr zum Worte gelassen werde? Vous êtes un ...., sagte er ihm, donnez-moi votre carte. Da dem Bonner diese Art fremd sein mochte, gab er seine Karte nicht her; nun warf ihm Greenisen die seinige ins Gesicht; dann wurde der Bonner hinausgeworfen; es gab Herausforderungen und Geschrei; die Damen verliessen den Saal; ein Comitémitglied stieg auf den Tisch und beschwor die Gesellschaft sich doch so zu benehmen, dass die Damen bleiben könnten, worauf die Officiere und Studenten mit Hohngelächter antworteten; nun riefen die Bonner: Musik! Musik! — denn wir hatten zu unserer Verzweiflung täglich bei der table d'hôte Musik mit grosser Trommel und trivialem Zeuge, und nur beim Festessen hatte auf meine Verwendung bei dem Wirte eine Pause stattgefunden. Das Orchester war auch willig und begann mit rauschender Instrumentation: „Es ritten drei Schneider zum Thore hinaus!" beim Beethovenfest! vor seinem mit Lorbeeren geschmückten Portrait! Mais quelle nation! quelle nation! riefen immer Janin, Berlioz, die Engländer! das werden schöne Artikel in den französischen und englischen Blättern werden über die Bildung der Deutschen. Als ich dem Breitenstein meine Indignation über das Benehmen beim Festessen äusserte, sagte er mir ganz trocken: das ist nicht anders am Rhein; man kommt nie über den dritten Toast, dann ist jedes fernere Reden unmöglich. Wenn die Leute eine Constitution bekommen, so wird das ein schönes Parlament bilden! — Habe ich nun die Schattenseiten des Beethovenfestes gezeigt, so muss ich auch die Lichtseite erwähnen. Es war dies der Eifer, mit dem in eilf Tagen die Festhalle gebaut wurde, ferner die sehr gelungene Statue; endlich das Zusammenströmen so vieler Notabilitäten aus allen Theilen Europa's, was ein Interesse darbot, wie wohl selten zu finden. Wir sassen oft bei 600 Personen an der table d'hôte im „Stern", und darunter welche Masse von bekannten Namen. Das Nähere behalte ich der mündlichen Erzählung vor, auch werden Sie schon früher détails genug in den Zeitungen lesen. Am letzten Beethoventage (14. August) war Abends Hof-Concert in Brühl, wozu der König den Spohr, Chelard, Janin, Berlioz, Fétis und mich einladen liess. Dies Concert war eines der brillantesten, sowohl rücksichtlich der Zuhörer: König und Königin von Preussen, Victoria und Albert, König und Königin von Belgien, Prinz Friedrich von Oesterreich, Prinz von Preussen, Nassau etc. etc. — als auch von Seite der Mitwirkenden, nämlich der Damen Lind, Viardot, Tuczek und der Herren Pischek, Mantius, Staudigl, Böttcher. Meyerbeer accompagnirte.

Leben Sie wohl, theuerster Freund, ich habe oft Ihrer gedacht; ich hoffe Sie bis Ende dieses Monats wiederzusehen! Bis dahin denken Sie auch bisweilen freundlich an

Ihren aufrichtig ergebenen
Vesque.

VI.

Es war eine Zeit angespannter amtlicher Wirksamkeit, reicher künstlerischer Anregung und schnell pulsirenden Lebensgenusses, die seit Ende der Dreissiger-Jahre Vesque mit immer volleren Segeln vorwärts trieb. Freunde und artistische Beziehungen strömten ihm von allen Seiten zu. Sein Haus wurde ein Sammelpunkt geselligen und musikalischen Lebens, in dem seine bevorzugte Persönlichkeit sich immer freier entfalten konnte.

Einheimische wie durchreisende Künstler fanden in Vesque's gastlicher doch anspruchloser Häuslichkeit, bald im grösseren Cirkel, den gebürenden Tribut für ihr Talent, bald in stiller Behaglichkeit ein Ausruhen nach des Tages Mühen. Und auch für das Vorwärtskommen junger aufstrebender Talente war Vesque liebevoll bemüht und suchte sie durch seinen Schutz mit reger Theilnahme zu fördern. Besonders war es Otto Nicolai's geniale, aber fahrige Künstlernatur, die Vesque während dessen Aufenthaltes in Wien 1836 — 38 freundlich an sich heranzog und zum steten Gast seines Hauses machte. Nachdem Nicolai ein Jahr lang die Stelle eines Kapellmeisters am Kärntnerthor-Theater innegehabt, suchte er 1838, wie schon ehedem, sein Heil in Italien, und berichtet dem Freunde seine mannigfachen Schicksale und Sorgen:

Nicolai an Vesque.

Venedig, 15. October 1838.

Geehrtester Herr und Freund!

Vor allem meinen herzlichsten Glückwunsch wegen der Aufführung Ihrer „Turandot"! Wahrhaftig, Ihnen ist gelungen, was mir bis jetzt noch als eine so unübersteigliche Sache erscheint, wie der Berg Sinai. Leider habe ich bis jetzt noch gar keine näheren Details über die Aufführung erhalten können, bloss dass dieselbe wirklich vor sich gegangen, ist uns hier durch Briefe von Wien zugekommen; ich erwarte daher von Ihnen selbst eine ausführlichere Erzählung. Wenn ich doch auch erst so weit wäre! Mir ist es indes nicht nach Wunsch gegangen. Hören Sie: Als ich nach Mailand gekommen war, liess mich Merelli daselbst noch etwa acht Tage warten, bis er mir die nöthigen Briefe an den impresario in Turin, Giaccone, schrieb. Endlich erhielt ich dieselben von ihm und reiste nach Turin ab. Dort angekommen — fand ich die von mir anzutretende Stelle bereits vergeben! Was sagen Sie dazu? Merelli hatte in früherer Zeit den Auftrag von Giaccone, einen Kapellmeister für Turin zu engagiren: er hat indes nicht geantwortet und alle diese Geschichten mit mir verabredet, ohne den Giaccone jemals davon zu benachrichtigen, so dass dieser bei dem immer näher heranrückenden Anfang der Herbstsaison sich genöthigt sah, mit einem gewissen Corini einen Contract abzuschliessen, da er doch nicht ohne Kapellmeister bleiben konnte. Bei meiner Ankunft fiel Giaccone wie aus den Wolken, bedauerte mich unendlich und schrieb sofort an Merelli einen Brief, in dem er sich unter andern so ausdrückte: „io avrei accettato questo maestro con braccia aperte, se voi m'avete scritto una sola parola, e me ne duole assai che adesso sia troppo tardi."

Das ganze Unglück hatte also in der unverantwortlichen Nachlässigkeit Merelli's seinen Grund. Nun war ich in Turin, hatte die Reise unnütz gemacht, das theure Reisegeld verloren.

Ich wollte Turin augenblicklich verlassen; indes dachte ich, nun du einmal hier bist, siehe wenigstens was es hier zu sehen gibt, und mache wenigstens die Bekanntschaft Romani's. Denselben Abend noch ging ich zu diesem Dichter, ohne eine weitere Empfehlung an ihn zu haben. Ich überreichte ihm einige seiner von mir in Musik gesetzten Romanzen und fand eine wahrhaft liebenswürdige Aufnahme. Romani veranlasste mich nun, längere Zeit in Turin zu verweilen, da er hörte, dass ich auch seine Oper Rosmonda in Musik gesetzt habe und er selbst der Meinung ist, dass sich in diesem Buche einiges vortheilhaft ändern liesse.

Er hat den besten Willen von der Welt, zu arbeiten, seine grenzenlose Schlaffheit, Faulheit und Saumseligkeit hindert ihn indessen immer, diesen Willen auszuführen.

So hat er denn in der letzten Epoche Bellini durch Wartenlassen beinahe zur Verzweiflung gebracht und sich endlich mit ihm deshalb erzürnt. Dies ist auch der Grund, warum die letzte Oper von Bellini, Puritani, nicht mehr von Romani gedichtet ist. Ebenso erging es Mercadante, den er nach Paris abreisen liess, ihm versprach, das Buch sogleich nachzusenden und ihn dann sechs Monate lang in Paris vergebens schmachten liess, und ihm am Ende doch nichts schickte, so dass dieser in aller Eile ein Buch von einem Italiener in Paris, Crescini, anfertigen lassen musste, um nur seinen Contract erfüllen zu können. So entstand „I Briganti". Romani's Ruf als Faulenzer ist in Italien ebenso gross und bestimmt, als sein Ruf als Operndichter. Ich bin unter uns gesagt der Meinung, dass er den ersten absolut, den zweiten nur bedingt verdient. Mich lud er nun täglich zu Tische ein. Jeden Tag „wollten" wir arbeiten, kamen aber nie dazu, und so verstrichen Wochen. Unterdessen begab sich ein unglücklicher Glückszufall, nämlich als die Proben der ersten Oper beginnen sollten, es waren just Mercadante's „Briganti", wurde Corini krank, und so kam denn der Impresario wieder zu mir und bat mich, die erste Oper in Scene zu setzen. Ich acceptirte, um besonders Zeit für Romani zu gewinnen. Nun that er aber erst völlig nichts, denn da er nun wusste, dass ich auf einige Zeit contractlich in Turin gefesselt war, und nicht täglich auf dem Sprunge stand abzureisen, so sagte er, wir haben noch Zeit! Die Briganti machten mir viel zu schaffen, die Oper war für die Sänger durchaus unpassend und so war ich gezwungen, sehr viel zu punktiren, zu schneiden und sogar Einiges selbst hinzuzucomponiren. So rettete ich denn diese schon verschiedene mal gescheiterte wenigstens vom totalen Schiffbruch, und dies kam mir in der Folge sehr gut zu Statten. Giaccone sah ein, dass ich der Mann sei, den er brauchen könne: er ist wirklich ein galant uomo und zahlte mir spontaneamente für meine Bemühungen 300 Francs, während mir contractlich nur 200 ausbedungen waren. Er erklärte sogar oftmals vor der ganzen Operngesellschaft, dass er anerkenne, dass diese Oper ohne mich gar nicht hätte in Scene gehen können. Zugleich sah er, wie besonders das Schluss-Rondo der Oper, welches ich neu hinzucomponirt hatte, der Primadonna Gelegenheit gab, ihre Stimme geltend zu machen, und so fasste er denn — mirabile dictu! — den Entschluss, mich zu engagiren, für das grosse Teatro Regio di Torino, welches auch von ihm gepachtet ist (die Herbstsaison findet im teatro Corignano statt), eine opera seria für den Carnevale 1839—40 oppositamente zu componiren! Wir haben demgemäss den Contract abgeschlossen: als meinem lieben Freunde glaube ich nicht nöthig zu haben, Ihnen zu verschweigen, dass ich mich für das Spottgeld von 2500 Francs dazu einverstanden habe. Aber aller Anfang ist schwer! So werde ich denn bis zum December 1839 eine neue Oper geschrieben haben müssen, und um diese Zeit nach Turin bringen und in Scene setzen. Nachdem I Briganti nun in Scene gegangen waren und ich gedachten Contract für 39 abgeschlossen hatte, verliess ich Turin, da Corini wieder gesund geworden war.

Romani hatte unterdessen wirklich — ein Duett zu Stande gebracht und so doch wenigstens oppositamente für mich gedichtet.

Bei der Durchreise durch Novara lernte ich Mercadante sehr gut kennen und brachte bei ihm einige angenehme Mittage zu. Ich habe ihm die „Rosmonda" vorgespielt, die er zum Theil sehr gut findet. — — — —"

Nicolai begab sich nach Venedig, um die „Rosmonda" dort auf die Bühne zu bringen, reüssirte aber nicht, weil bereits vier italienische Opern, darunter Lucia di Lammermoor, ihm für den Carneval Concurrenz gemacht hatten. Schwankend ob er nach Wien zurückkehre und sich mit Gesangs-Lectionen durchhelfe oder die Strasse nach Rom einschlage, entschieden Geldfrage und Ehrgeiz in ihm für das letztere.

„Ihr Brief hat mir die grösste Freude gemacht. Wie wohl thut es doch, wenn man in der Ferne Zeichen von aufrichtigem Wohlwollen erhält!" schreibt er aus Venedig am 29. October 1838 an Vesque. „Was werden Sie aber sagen? Rechenschaft kann ich mir von meinem Entschluss eigentlich selbst nicht geben, es ist eine Art von Inspiration, von Fiduz, wie sich der Student ausdrückt, aber ich habe bestimmt, den Winter nach Rom zu gehen. Ihretwegen wäre ich wohl gerne nach Wien gekommen, aber ein certo non so che hält mich ab. Soll ich mich da vor denen, die immer meinen Abgang vom Theater wünschten, mit Freuden als Exkapellmeister sehen lassen? Nò, nò, 's thut's halt nit! Und dann alle Zeitungen sind dies Jahr voll von dem grossen Zuge der Engländer, die sich nach Rom begeben. Und da gibt's Geld zu verdienen! das weiss ich aus Erfahrung. Hernach möchte ich auch gerne erst nach Deutschland kommen, wenn ich eine Art von Autorität bin, welches nunmehr im Januar 1840 ohnfehlbar der Fall ist, da ich bis dahin in Italien zweimal entweder Fiasco oder successo gemacht haben werde.

Ein Glück kommt selten allein. Ich habe nämlich eine zweite Scrittura für den Herbst 1839 in Triest, wo meine „Rosmonda" mit der Ungher in Scene gehen wird. Lieber Freund! altro che Kärntnerthor; das ist ein Mäuseloch im Vergleich der Schönheit mit der Fenice und andern grossen Theatern Italiens und eine Wolfsgrube hinsichts der Cabale! Gotts Wunder noch, dass die Musik noch so gut erhalten wird, es müsste von Rechtswegen noch weniger sein."

Nicolai's auf Rom gesetzte Erwartungen erfüllten sich nicht. „Welche lächerlich sonderbare Situationen bringt doch das Künstlerleben mit sich," klagt er aus Rom am 17. December 1838, „in Rom hatte ich früher in den höchsten Cirkeln gelebt und brachte diesmal noch einige Empfehlungsschreiben an vornehme Häuser mit. So sah ich mich sofort in der vornehmsten Gesellschaft, war bei Ambassadeurs und Ministern zu Tisch geladen (schon in den ersten acht Tagen meines hiesigen Aufenthaltes, ehe noch Ihr Wechsel ankam), wurde wahrscheinlich von anderen jungen Leuten beneidet; wurde von dem Bedientenvolk mit habgierigen Augen angesehen; wurde von den in Italien wie Unkraut wuchernden Bettlern als Eccellenza tractirt und um Almosen gebeten; erschien im schwarzen Frack mit Schuhen und seidenen Strümpfen, und hatte kein Geld! Jetzt lache ich beinahe darüber, aber ich versichere Ihnen, dass ich damals vor drei Wochen nicht über mich zu lachen die Courage gewinnen konnte. Mir wurde doch ein wenig bange, denn ich bin an dergleichen Situationen, die bei mir, als ich 18 und 19 Jahre zählte, an der Tagesordnung waren, seit vielen Jahren nicht mehr gewöhnt. Möchte ich auch nicht wieder hineingerathen!

In den Hoffnungen, die ich mir machte, in diesem Winter hier viel Geld zu verdienen, habe ich mich leider verrechnet! ich werde Gott danken können, wenn ich für meine Voreiligkeit, so auf gut Glück einer blinden Inspiration gefolgt zu sein, mit einem blauen Auge davon komme! Vor drei und vier Jahren war ich derjenige, der von der ganzen englischen Welt in Rom als Clavierlehrer gesucht wurde. Dies Jahr würde es wieder so sein, wenn ich nicht durch meine eigene Gutherzigkeit mir einen Riegel vor die Nase geschoben hätte. Als ich nämlich damals abreiste, empfahl ich überall einen deutschen Musiker Namens Landsberg — ich nahm ihn untern Arm, er war ohne alle Connexionen und führte ihn in die ersten römischen und fremden Häuser ein; ich verliess Rom und dachte nicht wieder zu kommen, er blieb dort, setzte sich häuslich nieder, fand das Bett von mir bereits gewärmt, und ist nun überall hier als Lehrer accreditirt, hat alle Stunden bei den Engländern zu geben, verdient ein Heidengeld, — und ich, der ich die Ursache seiner Stellung bin, der ich als Musiker unendlich mehr als er leiste, der ich für den Augenblick so gerne einige Stunden geben würde, muss das mit ansehen und mir die Lippen beissen. Dabei werde ich nun von diesem jungen Mann nicht einmal dankbar oder auch nur freundschaftlich behandelt. Mein Freund! Das Leben macht uns erfahrener, aber auch herzloser. Landsberg und K*** mögen es dereinst verantworten, wenn ich meinerseits mich in der Zukunft vor Gutesthun hüten werde; der Dank, den man erntet, ist zu bitter.

Unterdess habe ich doch einige wenige Stunden zu geben bekommen, die wenigstens ein spärliches Auskommen decken, und will ich dann ruhig an meiner Oper arbeiten und hoffen, dass nach deren Aufführung meine Carrière eine desto breitere Strasse nehmen werde. Uebrigens bewege ich mich hier in der höchsten Gesellschaft, die in diesem Jahre sehr brillant ist. Jetzt während der Adventzeit ist beinahe jeder Abend durch Gesellschaften (in denen man sich ex officio in allen Sprachen herumstösst und ennuyirt) besetzt. Die Ambassadeurs von Oesterreich, Frankreich und Neapel (zu Frankreich gehe ich nicht) und Torlonia nehmen den Vorrang darin ein. Man sagt, es seien 15.000 Fremde hier. Gestern ist auch der russische Grossfürst noch angekommen. Von musikalischen Celebritäten sind Spontini und Cramer hier. Ersterer hat sich bemüht, zur Verbesserung der Kirchenmusik etwas zu thun (nach meiner Ueberzeugung jedoch nur aus eiteln Absichten, da er vom italienischen Theater verbannt ist, so blieb ihm kein anderer Weg übrig), indem er den Papst um Erlassung eines Edictes gegen das Spielen von Opernmelodien bei der Messe gebeten hat. Er hat richtig den Gregorsorden erwischt und wird auf seinen nunmehr erscheinenden lithographirten Conterfeis aus h-dur gehen, während er sonst nur vier Kreuze trug und aus e-dur ging. Der Kerl ist ein eitler Narr, aber dennoch ein grosser Componist und der beste Kapellmeister, den ich kenne. Cramer gibt heute ein Concert. Liszt wird aus Florenz erwartet. Die hiesigen Orchester sind unter der Kritik! Es sind herrliche schöne Tage jetzt in Rom, wie etwa bei uns im September. Was das für ein Unterschied des Klimas ist! Dieses und die Sixtinische Kapelle söhnen mich mit allem Uebrigen aus.

Grüssen Sie, wer sich meiner freundlich erinnert! Jetzt sehe ich doch ein, was ich an Wien eigentlich aufgegeben habe, die Wiener sind doch liebe gute Menschen und wenn ich in Deutschland leben sollte, so möchte ich am liebsten Wien wählen.

Leben Sie wohl! Schreiben Sie mir recht bald und ausführlich.

Nochmals herzlich Lebewohl
von Ihrem aufrichtig
ergebensten
Otto Nicolai.

Immer wieder klingt die Sehnsucht nach Wien in Nicolai's Briefen an. Doch fasste er seine neu zu schaffende Oper nun fester in's Auge. „Für Turin nehme ich das Sujet Ivanhoe," schreibt er im Mai 1839 aus Rom, „das Buch macht ein Römer Namens Marini. Bis jetzt existirt noch keine Silbe vom Buch und doch muss die Oper in drei Acten bis September fertig sein. Da sehen Sie denn wie ich werde dover mettere alla tortura il povero cervello mio! Jetzt ist für mich in Italia la strada un poco più larga essendo andato Donizetti a Parigi: So lange dieser Donizetti hier war, versorgte er alle Theater und für uns junge Leute gab's keine Hoffnung. Zwei andere Deutsche haben an der Scala ungeheuer fiaschi gemacht, nämlich Hiller und Schoberlechner. Sie sehen wie mir dabei zu Muthe sein muss. Die Kreuzer'schen Fiascos, unter uns gesagt, mögen ihm wohl bekommen! der Mensch verdient's nicht besser!

Den Winter habe ich ziemlich viel Unterricht gegeben, besonders an russische Familien. Ein Graf Wielkorsky, ein ausgezeichneter Musiker und Mann von hohem Ansehen bei Hofe, protegirte mich besonders. Für den Grossfürsten componirte ich auf Wielkorsky's Anrathen Militärmärsche, wofür ich einen sehr kostbaren Brillantring erhalten habe.

Man zahlt hier in Rom gewöhnlich ein Scudo für die Stunde (d. h. die Fremden, denn die Römer haben kein Geld); ich habe mir für die Singstunde $1^1/_2$ Scudo (3 fl.) und für die Clavierstunde 1 Scudo zahlen lassen, für die Generalbassstunde $1^1/_2$ Scudo. Es ist eine rasend theure Saison gewesen. Die Anzahl der Fremden war ungeheuer. Ein Pferd kostete bis 24 fl. C. M. monatliche Miete! Ich habe viel ausgegeben, denn ich habe immer noch nicht gelernt, mir zu versagen, was zum gewissen comme il faut gehört. Dennoch habe ich mein Schiff glücklich wieder flott geackert.

Warum hat man denn meine an Haslinger zurückgelassenen Ouverture mit der grossen Fuge nicht in den Spirituel-Concerten gemacht, wie es versprochen war? Es ist doch wirklich schändlich! und ich kann diese Herren nur — bedauern!

Liszt lebt hier ganz für sich. Die Welt geht ihn wenig an und er die Welt auch nicht. Von Enthusiasmus wie in Wien ist keine Rede. Wir sehen uns zuweilen, jedoch nicht sehr oft. Am Anfang seines römischen Aufenthaltes geschah dies öfter. Mein Freund, ich sage Ihnen, ich habe einen abscheulichen Charakter. Man muss mich überraschen, überrumpeln, überschütten, dann bin ich ergriffen! wenn ich schon weiss, wie mir geschehen wird, so wirkt's nicht mehr recht. So ging es mir mit Liszt und noch mit mancher anderen Erscheinung, die mir grossen Effect machte. Sehen ist schöner als Wiedersehen, sagte eine geistreiche Frau, und hatte recht.

Grüssen Sie mir herzlich Ihren lieben Bruder und Ihre werte Frau und Schwägerin und die lieben Kinder.

Sollte sonst jemand sich freundlich meiner erinnern, so grüssen Sie ihn auch.

Ich bin misslaunig und langweilig, denn ich habe nichts Liebes. Das auf Ihre Anfrage.

Bald werden wir hier eine seltene Festlichkeit haben, eine Sanctification, zu der St. Peter schon seit zwei Monaten geschmückt wird. Ich werde Ihnen darüber seiner Zeit was sagen. Den Carneval habe ich in einer Teufelsmaske mitgemacht, und Confecte und Blumen nicht gespart. Herzlich froh bin ich aber doch nicht gewesen. Ich weiss nicht, was es ist, aber ich bin verdammt ernst geworden. Es kann doch noch nicht das Alter sein? Ich glaube eine grosse zu Nichts gewordene Liebe ist daran schuld.

Adieu, theurer Freund, schreiben Sie bald und behalten lieb

Ihren ergebenen

Nicolai.

Macerata, den 15. Aug. 1839.

Seit acht Tagen lebe ich nun hier in Macerata. Ich habe schon vor drei Jahren einmal hier sechs Wochen zugebracht. Ich lebe im Hause einer englischen Familie, die mir schon seit Jahren befreundet ist. Das regelmässige und anständige Leben in diesem sehr gut eingerichteten Hause thut mir sehr wohl. Hier will ich meine Oper für Turin beendigen. Im Monat Juni machte ich den ganzen ersten Act. Sie wissen schon, dass das Sujet der Ivanhoe von Walter Scott ist und ich also mit Marschner und Pacini in Concurrenz komme. Das Buch ist von einem Römer Marini nach meiner Angabe gemacht worden. Es ist sehr reich an dramatischen Situationen, jedoch sind die Verse nicht so schön und sympathisch, als sie Romani macht, der leider zum Schreiben nicht mehr zu bewegen ist. Noch habe ich das Finale des zweiten Actes, eine im ersten Act ausgelassene Romanze und den ganzen dritten Act, der sehr kurz ist, zu machen. Dies alles will ich zu den ersten Tagen September fertig haben und mit dem Dampfboot am 10. September von Ancona nach Triest gehen und meine „Rosmonda" dahin bringen, welche im October von Stapel laufen soll. Der Ivanhoe wird in Turin circa in den ersten Tagen Januars oder schon in den letzten December in Scene gehen. Der Titel ist „Briano e Rebecca". Ich halte den „Ivanhoe" für besser als die „Rosmonda". — — — —

Bis in das Jahr 1842 vagirte Nicolai in Italien umher. Im Mai 1840 hatte Vesque ihn in Genua aufgesucht und fand Nicolai als Freund des Fürsten Doria im alten palazzo Doria installirt. Seine Oper „Il templario" wurde in Genua eben zum 21. Mal gegeben. 1842 kehrte Nicolai in seine alte Hofopern-Kapellmeisterstelle nach Wien zurück und wurde zugleich der Schöpfer der Philharmonischen Concerte. Nicolai's Sonne sollte nicht lange darüber leuchten, denn 1847 schon bereitete sich dieser zum Scheiden vor.

Das Zerwürfniss, welches Nicolai's Contractverhältniss in Wien löste, hatte seinen Ursprung im Opernhause. Baloghini, der Intendant der Oper, liess Nicolai's „Heimkehr" vom Repertoire verschwinden und zeigte sich nicht bereit, dessen fertige neue Oper „Die lustigen Weiber von Windsor" aufzuführen. Nicolai bewarb sich hierauf um den vacant gewordenen Kapellmeisterposten an der Berliner Hofoper. Von höherer Instanz in Berlin erging an Vesque das Ansuchen, ein Gutachten über Nicolai's Dirigentenfähigkeit und persönlichen Charakter abzugeben. Vesque antwortete:

„Nicolai ist unstreitig der erste jetzt lebende Dirigent. Sein Eifer, seine Umsicht, seine Sachkenntniss bei dem Einstudiren und Dirigiren lassen nichts zu wünschen übrig. Das Kärntnerthor-

Orchester klang immer ganz anders unter seiner Direction und in den von ihm gestifteten Philharmonischen Concerten hat er die Execution der Beethoven'schen Symphonien auf eine den Wienern bis dahin nicht bekannte Höhe der Vollendung gebracht. Dabei ist er vielseitig gebildet, es lebt wohl jetzt kein Musiker, dem Beethoven, Mozart, Donizetti und Bellini, Weber und Meyerbeer, kurz alle Gattungen der Musik, Seb. Bach und Palestrina nicht ausgenommen, so wie ihm bis in ihr innerstes Wesen in gleichem Masse bekannt wären. Als Componist steht er nicht auf gleicher Stufe, wie als Dirigent, da ihm die Erfindung neuer Motive abgeht, wenn er auch bezüglich des Instrumentirens Meister ist.

Uebrigens haben seine zwei Opern hier gefallen. Der „Templario" war wohl zu sehr für Italiens Sänger und Geschmack berechnet, als dass er hier in deutscher Uebersetzung Glück machen konnte; dagegen wurde die etwas mehr deutsch gehaltene „Heimkehr" sehr oft gegeben.

Nicolai's Charakter ist durchaus unbescholten, sein Ehrgefühl als Mensch wie als Künstler gleich lebendig. Nur hält eine masslose Eitelkeit seinen guten Eigenschaften das Gegengewicht. Geht man in diese Schwäche ein, sieht ihm deren oft kindischen Aeusserungen nach, so ist ganz gut mit ihm auszukommen; verletzt man aber seine Empfindlichkeit, dann gibt es freilich Reibungen."

Nicolai erhielt die angestrebte Stelle. Am 7. März 1847 dirigirte er das zwölfte und letzte unter seiner Leitung stattfindende Philharmonische Concert und verabschiedete sich in einem eigenen am 12. April von den Wienern. Jenny Lind sang bei dieser Gelegenheit zum erstenmale Fragmente aus den in Wien entstandenen „Lustigen Weibern von Windsor".

Zwei Jahre später war die Laufbahn des geistvollen Künstlers abgeschlossen. Der Schmerz über die Triumphe seiner italienischen Zeitgenossen, die ihm für diese zu leicht errungen, für ihn selbst so unerreichbar wie der „Berg Sinai" schienen, hatte Nicolai's Wesen unterwühlt.

Es war ihm nicht gegönnt, sich lange am Erfolge seiner letzten Oper zu erfreuen. Wenige Tage nach der ersten Aufführung der „Lustigen Weiber von Windsor" in Berlin, am 11. Mai 1849, kaum 40 Jahre alt, ist er gestorben.

Im Sommer 1844 brachte eine Kunstreise den Balladencomponisten und Sänger Karl Loewe nach Wien. Mit diesem berühmten Balladensänger, dem „norddeutschen Schubert", wie ihn Vesque nannte, entspann sich ein näheres Verhältniss. Obwohl auf alljährlichen Künstlerfahrten durch alle Städte Deutschlands an die reichlichsten Triumphe gewöhnt, hat doch der warme, unmittelbar aus dem Herzen auf die Lippen überspringende Enthusiasmus der Wiener Loewe noch ganz anders angemuthet, als die wohl abgegrenzte Bewunderung in seiner Heimat. Nach einer Künstlersoirée bei Vesque, in welcher er alle Wiener Musik-Autoritäten versammelt fand, Staudigl und die Tuczek singen hörte, und selbst die Productionen mit seinem „Hochzeitslied" und „Erlkönig" einleitete und mit dem „Mohrenfürsten" beschloss, schreibt Loewe:*) „Es ist als ob die Wiener bei meinen Sachen wie in einen Zauberkreis gebannt wären. Sie hören mit einer Stille und Begierde, die ich noch nie erlebte.

„Ich mag die Lobeserhebungen, die ich hier höre, weder wiederholen, noch wörtlich nehmen, so wenn sie sagen, nun wüssten sie erst, was Singen heisst. Ja, dachte ich bei mir, vor fünfzehn Jahren hättet ihr mich auf den Händen in den Olymp erhoben; ihr herrlichen Wiener habt nur noch einen Nachklang vergangener Tage. Sie setzen mich über ihre besten Sänger, über ihren Schubert; nur den Beethoven verehren sie göttlich!"

Briefe Loewe's an Vesque.

Stettin, den 15. Aug. 1844.

Hochzuehrender Herr Staatskanzleirath!

Insbesondere aber vielgeliebter, geist- und gemüthvoller Künstler, genannt Hoven!

Nach einer fröhlichen Reise bin ich denn Montag Abends, als den 12. August, glücklich und gesund in meiner Stadt, Familie etc. wieder eingetroffen, und habe alles ebenso gefunden, wie ich es verlassen. Viele schöne Erinnerungen Ihrer herrlichen reichen Kaiserstadt begleiten mich, und unter allen diesen schönen Erinnerungen glänzt mir als Stern erster Grösse die an Ihre liebenswürdige Persönlichkeit hell in mein nordisches und ernstes Lebensdunkel herein. Warum kann man der flüchtig dahintanzenden Hore nicht die Flügel binden? Warum zu den schönsten Lebensmomenten nicht sagen: „Verweile!"? Sie, geliebter Herr und Gönner, sind daher mit Recht der Erste, dem ich mich, wie gerne! in's Gedächt-

---

*) Loewe's Selbstbiographie.

niss zurückführe; und ich versäume nicht, Ihnen meinen Dank auszusprechen!

Heute ist der 15. August, Donnerstag, an welchem ich diese engen und kritzlichen Zeilen schreibe, heute werden Sie unter den empfangenden Behörden unseren König begrüssen, den Sie kennen, und der sich freuen wird, in Ihnen einen schon bekannten Ehrenherrn unter seinen Verehrern zu gewahren. Ja vielleicht, dass Sie meiner in seiner Gegenwart gedenken, er kennt alles das auch, seit einer Reihe von Jahren, was ich Ihnen vorgetragen habe, und womit ich mir schmeichle, Ihnen etwas, wenn auch nur eine Kleinigkeit, Neues gegeben zu haben, nach dem Virgil'schen Motto: sit mihi fas inauditi loqui, oder dem Goethe'schen: „Märchen, noch so wunderbar, Dichterkünste machen's wahr."

Gerne hätte ich mich vor meiner wirklichen Abreise, die, wie Sie wissen, noch zwei Tage später erst erfolgte, noch einmal bei Ihnen sehen lassen, aber den Montag Vormittag hatte ich noch Geschäftssachen zu ordnen und zu besprechen, mit Mechetti, der den Mohrenfürsten als Andenken an mich in Wien zurückbehalten hat, und Nachmittag machte ich noch eine Partie auf den Kahlen- und Leopoldsberg mit Professor Fischhof und Becher zusammen; eine Partie, die ich ungern in meinem Gedächtnisse vermissen würde, umsomehr, da es an dem Tage sehr schönes Wetter war und der Dienstag darauf mit ganz besonderer Klarheit hereinschien, und nicht ein Wölkchen die Tageshelle unterbrach. So machte ich mich ohne Begleitung früh auf die Eisenbahn und drang im Höllenthale bis Kaisersbrunnen vor, war Abends wieder zu Hause, und hätte am Mittwoch früh beinahe den Abgang der Stockerauer Eisenbahn verschlafen.

Zum Glück hatte Freund Fischhof einen Mann der Eisenbahn bestellt, um mein Gepäck abzuholen, es war 5 Uhr, um 6 Uhr ging der Zug. Nun wurde von uns beiden alles in grösster Hast zusammengerafft, in den Koffer gepackt und da ist denn auch Ihr Buch über Luther's Choralgesänge mit hineingerathen, was ich zu meinem Schreck hier in Stettin erst entdeckte.

Ich frage demnach erröthend an, wie wir die Beförderung desselben am besten bewerkstelligen?

Ich weiss, wie lieb Ihnen das Werkchen sein mag, da ich es mit dem grössten Interesse verfolge. Ich bin zu allem bereit und schlage vor, dass Sie es sich auf meine Kosten aus dem Buchhandel neu bestellen, wenn wir es nur über die Grenze bringen!

Der Eindruck, den Wien im Allgemeinen auf mich gemacht hat, ist ein sehr angenehmer und wohlthuender. Die prachtvollen ganz leicht einzuholenden Gegenden vom Höllenthal, Reichenau, Gloggnitz, Vöslau, Baden, Brühl, Mödling, selbst das bequeme und reizende Schönbrunn, auf welches Sie von Ihrem Salon hinschauen wie auf eine Braut, wird mir unvergesslich bleiben, auch hat der Kahlenberg und Leopoldsberg einen grossartigen Eindruck bei mir hinterlassen. Und was soll ich erst von der Liebenswürdigkeit seiner Bewohner und Bewohnerinnen sagen?!

Ferner die schönen Kunstgenüsse, die ich in Ihrem illustren Hause vernommen habe, den prächtigen Staudigl, der in der Oper und im grossen Locale Ungeheueres leisten mag!

Gross und wahrhaft erhaben finde ich Ihre Scene in der Jungfrau von Orleans mit dem Chor. Ferner der entzückende Vortrag Ihrer Gesänge von Heine, der sich mir in Vöslau am bedeutendsten documentirte. In keiner Stadt möchte ich lieber leben als in dem gemüthlichen Wien, aber in keiner Stadt zeigen sich mir auch wegen confessioneller Verschiedenheit grössere Schwierigkeiten und Hindernisse. So ist jetzt eine Stelle bei Ihnen vacant, die Domkapellmeisterstelle am St. Stephan, die ganz so ist wie ich sie mir wünsche, aber das ist wohl unmöglich? Man sagte mir, der Director des Conservatoriums Preyer würde sie wohl bekommen, aber der ist auch nicht Katholik, wie alles mich versichert hat. Wenn man also überhaupt eine Ausnahme derart zuliesse, so möchte es gleichviel sein, in welcher Person sich die Verschiedenheit fände. Ich würde auch das Directorat des Conservatoriums annehmen, wenn man damit ein anständiges Gehalt fixiren könnte, so dass es nicht möglicherweise zerrinnen könnte wie Märzschnee. Unter 1000 M. fix könnte ich meine Stellung in Pommern nicht aufgeben, ohne mir selbst und meiner Familie verantwortlich zu sein. Eher liesse sich eine zweite Reise nach Wien einrichten, auf einen Wintermonat, entweder Anfangs des Winters oder Ende, wenn eine Subscription auf zehn Vorträge mit einer Zuhöreranzahl von 300 Personen zu Stande käme, so dass ich einen Tag und den andern den Balladen-Vortrag hielte, ich würde dazu noch einige neue schreiben, so wie sie dort am meisten angesprochen haben. Man könnte dann auch noch bessere Vorbereitungen treffen, z. B. Abdruck der Texte etc., vielleicht dass auch ein und der andere Vortrag bei Hofe eingeleitet werden könnte, indem man da besonders heitere Sachen und Legenden wählte. Ich überlasse das gänzlich Ihrem reiferen Ermessen und Ihrer genaueren Erwägung, da ich nur ausspreche, was ich bei Dr. Bachers darüber vorschlagen hörte, worauf ich aber natürlich nur mehr ausweichend als eingehend verfahren konnte, indem es auch in der That eines grösseren und längeren Urlaubs vom König bedürfte, ehe ich ausser den Ferien losgelassen würde.

Leben Sie recht wohl, empfehlen Sie mich hochachtungsvoll der Frau Gemahlin, sowie allen, die meiner gern denken.

Auf ewig von Herzen
der Ihrige
Dr. Loewe.

Stettin, den 14. Juni 1845.

2.

Hochzuehrender Herr Staatskanzleirath!

Die von Ihnen componirten und mir dedicirten Lieder gingen hier durch die Gesandtschaft gegen Ostern, als wir mit unseren Passionsmusiken und deren Vorbereitungen beschäftigt waren, nebst Ihrem so liebenswürdigen und für mich ganz unschätzbaren Schreiben bei mir ein, und welche reine Freude mir dadurch zu Theil geworden ist, brauche ich nicht erst zu versichern, denn Sie wissen, wie ich Sie innig verehre, wie ich in der Erinnerung an Ihre mir so theure persönliche Bekanntschaft, und in der an Ihre kunstliebende und so talentvolle, mit allen Zaubern der Anmuth und Grazie geschmückte Frau Gemahlin meine liebsten Erinnerungen an Wien kröne, umsomehr bedarf es der Rechtfertigung von meiner Seite, Ihnen zu sagen, dass es von mir unverzeihlich und unverantwortlich aussieht, Ihnen noch nicht einmal die formelle Danksagung ausgesprochen zu haben, die sich doch so ganz von selbst versteht. Offenherzig gestanden, dieses wollte ich nicht, sondern ich wollte so lange warten, ohne Ihnen nur zu sagen, bis es mir gelänge, von zwei Aufgaben wenigstens eine zu erfüllen, nämlich unter meinen neuesten Producten eines zu finden, von dem ich mir selbst das Zeugniss geben könnte: „Dieses wird dem Herrn von Vesqué, oder: dieses wird der liebenswürdigen Frau Gemahlin gefallen!" Und mit diesem gedachte ich mich bei Ihnen zu bedanken! Wenn Sie nun bedenken, dass die Passionszeit, wo ich ex officiis sehr lebhaft beschäftigt bin, nicht gerade für die Composition stimmt, dass ich gleich nach Ostern eine Amtsreise in die Provinz zur Besichtigung von Orgeln und andern kirchlichen Gegenständen unternehmen musste, dass ich, kaum zu Hause angekommen, eine Reise nach London einleitete, die ich jetzt, nach beinahe einem Vierteljahr, soeben beendigt habe, nun so ist es mit meiner Composition nicht weit gekommen. So gewöhnlich mich bedanken, das wollte ich nicht, und thue es auch jetzt nicht, sondern diese meine Zeilen sind nur die vorläufige Antwort auf Ihr vom 20. Mai an mich gerichtetes Schreiben, was ich heute, soeben von London zurückgekehrt, am 14. Juni erst gelesen habe. Ueber die Lieder selbst behalte ich mir mein Urtheil noch vor, bis ich Ihnen wieder schreibe, alsdann füge ich auch die Antwort auf Ihren liebenswürdigen Brief, vom 16. December datirt, hinzu. Dieser ist nebst den Noten aber später eingegangen, und freilich hätte ich Ihnen schnell und verbindlich antworten sollen. Aber der Himmel weiss, ich kann als Künstler keine verbindlichen Redensarten machen, und alles, was Ihnen zu sagen war, kam mir so gewöhnlich und so absurd vor; ich wollte Ihnen anders als gewöhnlich danken und schreiben, und Sie Grausamer haben mich genöthigt, diesen Brief zu entsenden. Freilich war die Möglichkeit da, als hätte ich Ihre Dedication nicht erhalten, daran dachte ich wieder nicht in meinem Entzücken! Nun werde ich schon nach und nach meinem Vorsatze ungetreu. Die Loreley liegt vor mir; dieses romantische, seltsame Gebilde Ihrer schöpferischen Imagination, wo ich aber so variire:

Das kommt mir nicht aus dem Sinn.

Das h-dur und fis-dur ist wunderschön, die Verwechslung in as ist einzig, der Ausgang ebenso. Leider liegt es nur für Tenor gut, der Sopran ist nur im Stande es zu singen, wenn es eine leichte Höhe hat, wie Ihre Frau Gemahlin. Das Bild zu Köln hat ein schönes Accompagnement. Die Stimme muss sehr präcis treffen, weil die Subdominanten meist lebhaft dagegen spielen. Nummer drei ist hochinteressant, aber auch für den Sopran-Sänger zu schwer. Der Tenor ist besser daran; der Stoff ist auch mehr für den Tenor. Die Stelle „singt mich todt" ist einzig schön. Nummer vier, die Nixen, ist prächtig, das Ueberschlagen der Linken; „sie nahen sich leise" ist ganz wahr. Das Allegrett ist himmlisch, die eine, die andere, die dritte, die vierte singt, für Grazie zu hoch und gewaltig, wenn man nicht eine Gemahlin hat, die eine so seltene weiche Höhe hat wie Ihre Gemahlin. Das

Pianoforte küsst sehr zärtlich und innig. Alles deliciös! Das Nachspiel ein Meisterwerkchen.
Der Schluss: Sie entfliehen alle sieben? — Nummer fünf. — Schade, dass der Stadtgraben darin ist, dergleichen Schwierigkeiten lassen sich in Heine einmal nicht beseitigen, Sie allein sind für die Wahl verantwortlich. Lusthäuser sind auch übel. Komisch ist das Stück, es würde auch in burlesker Farbe muthwillig genug sein, aber der Schluss? Ist es komisch muthwillig? Sie sind auch noch gewiss im Schluss für das Possirliche? N. C. das Schwesterchen ist das reizendste. Es steht nicht umsonst am Schluss der Serie. Das Lied wirkt merkwürdig. Eine harmonische Grösse sind die unbestimmten Moll-Modificationen auch nach der vermählten Geliebten, fragt' ich so nebenbei, wahrhaft genievoll. Ich habe es öfter schon in Gesellschaft vorgetragen und es verfehlt seine Wirkung niemals.

So bin ich doch meinem Vorsatze ungetreu geworden, was soll ich Ihnen noch sagen auf den liebenswürdigsten Brief vom 16. December? Wie schön und wahr bewährt darin der Künstler den Künstler mit so wenigen Worten! Sie sind ein bewunderungswürdiger Geist, gepaart mit dem tiefsten Gemüth. Wie liebenswürdig äussern Sie sich über den Erfolg Ihrer Oper. Mir sagen Sie das, wohl wissend, dass ich denselben sehr wohl aus dem rechten Gesichtspunkte auffasse! Denn ich kenne Sie und Ihren hohen seltenen Standpunkt auf dem Gebiete der Kunst. Ihr reicher alles umfassender Geist ist freilich nicht sogleich von einem Theaterpublicum erfasst. Da gehört mehr dazu. Freilich muss das Ihren Eifer für die Kunst heben, Sie gehen durch das Läuterungsfeuer, alle Schlacken bleiben zurück. Ihr hoher Geist verklärt sich dadurch nur lauterer, wie das Silber siebenmal durch die Schmelzöfen muss. Und Ihre Dedication, wie gibt sie mir den Beweis, da Sie mich einer solchen Auszeichnung gewürdigt haben, dass auch Sie selbst eine gewisse Verwandtschaft des Schaffens bei mir fanden, die nicht ganz flüchtig verloren ging, nein, die vorhielt und bleibend war. Ob ich Sie wieder einmal besuche? Wer weiss? Bald, hoffe ich, werden Sie wenigstens meinen geistigen Besuch und Gegendank genehmigen; ich bleibe Ihr Sie verehrender

Loewe.

3.

Hochwohlgeborener Herr!

Hochzuehrender Herr Staatskanzleirath!

Durch meinen lieben Walter von Goethe, der mich jetzt hier besucht, sende ich Ihnen diesen herzlichen Gruss und empfehle mich Ihrer liebenswürdigen Frau Gemahlin auf das respectvollste! Wenn es mir vergönnt wäre, Sie noch wiederzusehen, so möchte die Voranlassung, dass eines meiner Oratorien aufgeführt würde, die erwünschteste für mich sein. Herrn Holz ist durch Schott in Mainz „Die Festzeiten" geschickt und da Sie mit an der Spitze der Concerte stehen, so könnten Sie sich meiner wohl deshalb einmal erinnern. Meine Oratorien haben überall ihre Wirkung nicht verfehlt. Haben Sie schon einen Director des Conservatoriums in Wien? Ich denke Ihrer oft mit meiner Tochter, die sehr schön singt und der Heine'sche Cyklus macht Runde. Walter hat mir von Ihrem neuesten Quartett erzählt, neu, merkwürdig und sehr schön soll es sein. Ich gratulire! Erinnern Sie sich wohl zuweilen an Ihren Sie hoch verehrenden

Loewe.

Stettin, den 19. Dec. 1847.

Die „Sieben Schläfer" würden den Wienern gewiss sehr gefallen, sie sind das Lieblings-Oratorium der ganzen nördlichen Welt und selbst der Nordamerikaner; in New-York, Boston, Philadelphia werden sie immerzu (in New-York an einem Tage dreimal) gegeben.

4.

Hochwohlgeborener Herr!

Hochzuehrender Herr Staatskanzleirath!

Ihre herrliche Sammlung der Heine'schen Lieder ist mir zugegangen, und ich würde Ihnen schon früher meinen tiefgerührten Dank ausgesprochen haben, wenn ich nicht durch den Tod einer geliebten Tochter, die schon Braut mit einem Premierlieutenant von Tippelskirch war, und der Hochzeitstag bereits bestimmt war, grossen Kummer gehabt hätte, und in Folge davon selbst erkrankend, vier Wochen keine Feder ansetzen konnte, dringend behindert worden wäre.

Das Jahr 51 war hart, jetzt geht es aber wieder, leiblch und geistig, und will ich morgen eine Reise über Dänemark nach Norwegen antreten. Zuvor aber danke ich Ihnen von ganzem Herzen, und bitte, mich Ihrer so liebenswürdigen Frau Gemahlin hochachtungsvoll empfehlen zu wollen! Wie gerne wäre ich, wenn möglich, diesen Sommer noch einmal in Wien und bei Ihnen! Wenn Sie mir einen Vortrag bei Hofe vermitteln könnten, so käme ich wohl noch einmal. Aber die Reisegelder reichen nicht aus. Der General Fürst von Schwarzenberg ist auch nicht mehr in Wien, sondern, nach der Zeitung, in Siebenbürgen. Dessen Dichtung „Am Meere" habe ich Ihnen, glaube ich, von meiner Composition geschickt. Dessauer hat ja eine Oper componirt. Bitte ihn gelegentlich von mir zu grüssen. Wie geht es Baumann? Gerne, sehr gerne wäre ich noch einmal da; ich glaube, mein „Graf von Habsburg" würde den höchsten Herrschaften, neben andern, schon zusagen; auch habe ich mich jetzt schon in einige Ihrer Lieder begeben: es sind herrliche Sachen dabei. Gott schenke Ihnen viel Freude, Segen und Gedeihen, Ihnen und Ihrem ganzen herrlichen Hause!

Ich bin in alter Verehrung und treuer Liebe Ihr
treuester und dankbarer
Verehrer
Dr. Loewe, Musikdirector.
Stettin, den 23. Juni 1851.

5.

Hochzuehrender Herr Staatskanzleirath!

Die hiesige königliche Regierung, beauftragt von den Excellenzen von Manteuffel und von Raumer, hat mir am 19. Jänner das Ehrendiplom in formeller und anerkennender Weise zugehen lassen, welches die Gesellschaft der Musikfreunde der österreichischen Kaiserstaaten, von Ihrer Präsidentschaft unterzeichnet, mir zu senden mich gewürdigt hat. Ich bin tief durchdrungen von dieser mir zu Theil gewordenen grossen Ehre, und um so tiefer, da ein nicht genannter Name,[*)] der mit Recht die stille Bewunderung durch sein grosses Genie für Liedercomposition auch im nördlichen Deutschland erworben hat, aus der ersten Unterschrift hervorleuchtet.

Gern möchte ich mich auf irgend eine Weise dankbar erweisen dürfen, sei es, dass Sie z. B. mein neuestes Oratorium „Hiob" nach Worten der Bibel in Ihrer Kaiserstadt aufführen liessen, wozu ich Part, Kl. A. sämmtliche Vocal- und Orchesterstimmen in reicher Anzahl zur Disposition stellen könnte; sei es, dass eine

---

*) Präses des Musikvereins Vesque von Püttlingen.

Bühne meine neue Oper Malek-Adhet geben wollte, oder sei es
endlich, dass ich an Ihrem kaiserlichen Hofe einen Balladencyklus
vortragen dürfte, wobei mir die grosse Freude zu Theil würde,
Sie, hochverehrter Herr, und Ihre verehrte liebenswürdige Frau
Gemahlin persönlich begrüssen zu dürfen. Der Himmel nehme Sie
beide und alle, die Ihrem Herzen nahe stehen, in seinen gnädigen
Schutz, und lasse Ihre vielseitigen Arbeiten in wissenschaftlicher
und artistischer Bahn zum Segen und Nutzen ferner gedeihen!

Beigehend beehre ich mich, Ihnen noch ein officielles Dankschreiben beizuschliessen, welches sich mehr als dieser Brief eignen möchte, ad acta zu kommen.

In grösster Verehrung und innigster Dankbarkeit Euer Hochwohlgeboren unterthänigster Diener

Dr. Loewe, Musikdirector.

Stettin, den 27. Jänner 1853.

So innig und dauernd Vesque's Verehrung für den grossen
Balladencomponisten gewesen ist, hat er doch demselben keine
bleibende Stätte in Wien zu schaffen vermocht. Auch Loewe's
Wunsch, einen zweiten Balladencyklus daselbst zu veranstalten,
blieb unerfüllt.

Das directe Widerspiel von „zufällig naht man sich, man fühlt,
man bleibt und nach und nach wird man verflochten" hat nur zu oft
das Verhältniss auswärtiger Künstler zu Wien charakterisirt. Im
Sturm nach Wien getrieben, dort unter Knalleffect und Raketenfeuer aufgenommen, blieben von ihren Leistungen, nach dem Scheiden, wenig dauernde Spuren zurück. Nicht Loewe allein ist es
so ergangen.

Schumann correspondirte zuerst 1838 mit Vesque, wegen
einer Uebersiedlung nach Wien, wohin er seine Musikzeitung zu
verpflanzen gedachte. Und wieder 1847 als am Wiener Conservatorium eine Stelle zu vergeben war. Keine dieser Bemühungen
hat zu einem Resultat geführt. Sogar Schumann's Musik theilte
lange dieses Schicksal.

Ein Brief Schumann's aus Dresden vom 27. Juli 1847 lautet:

Hochzuverehrender Herr!

Eingedenk Ihres mir so oft bewiesenen gütigen Wohlwollens
erlaube ich mir, mich wegen der Vacanzangelegenheit an Ihrem
Conservatorium mit einigen Fragen an Sie zu wenden.

Lockt es doch den Musiker immer wieder in jenes Land, wo unser grösster Meister gelebt, wo am Ende für alle Bestrebungen ein fruchtbarer Boden anzutreffen ist!

Die Stelle, die gerade jetzt offen, mag manchen reizen, auch mich. Halten Sie sie passend für mich, und was noch mehr zu erwägen, mich für sie? Der Gehalt ist kein grosser, der Wirkungskreis aber ein so bedeutender, wie ihn sich ein junges feuriges Streben nur wünschen kann. Auch kenne ich die Organisation derartiger Institute schon von Leipzig her, dessen Conservatorium ich mitbegründete.

Nun wünschte ich durch Ihre Güte manches zu erfahren, hauptsächlich dies, ob schon vom Ausschuss der Gesellschaft der Musikfreunde irgend ein Künstler, dem man die Stelle anvertraute, vorzugsweise ins Auge gefasst worden — denn ich weiss, dass bei solcher Gelegenheit oft persönliche Verhältnisse mitsprechen — sodann, ob, wenn dieses nicht der Fall, ich mich als eine persona non ingrata betrachten dürfte. Wissen möchte ich auch, wer über die definitive Besetzung eigentlich zu entscheiden hat. . . . .

. . . .

. . . .

Nach diesem geschäftlichen Theil des Briefes erlauben Sie mir nun nach Ihrem Befinden selbst zu fragen, nach dem Ihrer verehrten Frau Gemahlin und Ihrer Kinder. Wir selbst haben vor vier Wochen unser jüngstes Kind, einen Knaben, verloren; die drei Mädchen, die wir noch besitzen, beglücken uns durch ihr Gedeihen. Sonst ist es uns, namentlich in Berlin, recht wohl ergangen; auch Musik erklingt oft im Innern, — manches habe ich fertig gemacht, manches angefangen. Und zuletzt denk' ich mich auf jenen heissen Brettern, die „die Welt bedeuten", auch einmal umzusehen.

Von den vielfachen Auszeichnungen, die Ihnen wiederholt zu Theil geworden, haben wir mit Freude gelesen; möchten Sie, hochgeehrter Herr, trotzdem und wie Sie immer thaten, der Kunst treu bleiben — auch wie bisher Ihren Jüngern gewogen
und namentlich Ihrem
hochachtungsvoll ergebenen
R. Schumann.

Düsseldorf, den 25. Januar 1853.
Hochverehrter Herr!

Die beifolgenden Zeilen wollte ich nicht abgehen lassen, ohne auch Ihnen von meiner Frau und von mir einen besondern Gruss darzubringen. Viele Jahre sind entschwunden, seit wir Sie das letzte Mal sahen, Jahre, für unser Künstlerleben erreignissvoll, wenn auch namentlich in letzter Zeit durch Krankheit getrübt. Dass Sie hier und da von unserm Wirken vielleicht gehört, ist wohl möglich. Möchte es sich doch auch fügen, dass wir Ihnen bald wieder einmal persönlich gegenüber stehn, uns einmal wieder in der Kaiserstadt umschauen könnten. Gerne hätte ich dort auch manche meiner grössern Orchester- und Chorwerke zu Gehör gebracht. Denn wie, wie in allen grössern Städten, das Oberflächliche auch dort die Oberhand behalten mag, so gibt es doch gewiss auch Kreise, die sich ernsteren Bestrebungen zuwenden. Aber diess sind alles eben noch eitle Aussichten. Vielleicht, dass wir Sie aber einmal am Rhein begrüssen könnten! An den Pfingstfeiertagen findet hier das grosse Musikfest statt, das F. Hiller und ich dirigiren. Um diese Zeit sollten Sie an den Rhein kommen! Auch sehr grossartige Werke sollen zur Aufführung kommen, die grosse Passionsmusik von Seb. Bach, die neunte Symphonie von Beethoven und vieles andere noch.

Dass Sie selbst, hochgeehrter Herr, der Kunst noch ergeben sind, das glauben wir sicherlich. Von Ihren dramatischen Compositionen haben wir oft gehört, aber leider nur aus den Clavierauszügen, ebenso uns öfters in Ihrem Liederbuch ergangen.

Möchten denn diese Zeilen Sie und die verehrten Ihrigen im besten Wohlsein antreffen und Sie sich unser wohlwollend erinnern

Ihres

ergebenen

Robert Schumann.

VII.

Bald nach Beendigung der Jeanne d'Arc hatte Vesque die Composition einer neuen Oper in Angriff genommen. Wenn aber jene ihrem Schöpfer viel Freude und Anerkennung eingetragen, so wollte der gute Stern über dem nächsten Werke nicht aufgehen. Und Vesque hatte doch in das zum „Liebeszauber" umgetaufte „Käthchen von Heilbronn" mehr Erwartung gesetzt als in die „Jeanne", weil er die Compositionsweise der letzteren als hinter ihm liegend betrachtete. Der Text war wieder von Otto Prechtler.

Ueber das Schicksal der Oper erfahren wir Näheres aus Vesque's Correspondenz mit Meyerbeer. Auf die Anfrage, ob es rathsam sei, die neue Partitur nach Berlin zu schicken, forderte ihn Meyerbeer herzlich dazu auf, versichernd, „wie sehr es ihn freue, in Verbindung mit einem Tondichter zu treten, der, obgleich er leider noch keines seiner Werke kenne, ihm doch durch den öffentlichen Ruf als einer der besten dramatischen Componisten Deutschlands bekannt sei." Uebrigens hänge die Annahme der Oper zur Aufführung einzig und allein von dem General-Intendanten von Küstner ab.

Unterdessen war am 8. März 1845 der „Liebeszauber" in Wien zum ersten Mal unter traurigen Auspicien gegeben worden. „Warum die Oper durchfiel?" fragt Vesque in einer Tagebuchnotiz; die Antwort findet sich erschöpfend in dem nachfolgenden Briefe an Meyerbeer vom 11. März 1845:

„. . . . . In Wien aber wurde sie am 8. d. M. und zwar unter ganz besonderen Umständen gegeben. Es hatte sich nämlich unter der hiesigen Musikwelt eine Opposition gegen meine Kunstbestrebungen gebildet; der Staatskanzleirath, sagen sie, solle den Kapellmeistern das Componiren überlassen und die

Musiker vom Fach nicht vom Repertoire verdrängen. Als wenn die edle Himmelstochter, die Musica, sich als Zunft und Handwerk beschränken liesse! Jene Musikanten nun, überdies ärgerlich darüber, dass mehrere heuer hier eingereichte Opern als ungeeignet zurückgewiesen worden waren, organisirten eine förmliche Cabale, welche am Abend der ersten Aufführung tobte, lachte, zischte und alle möglichen Störungen versuchte. Die Oper schlug sich indessen dennoch durch; vom dritten Act an liessen die Zischer nach, der Schluss erfolgte ohne weitere Störung. Tags darauf stand aber in allen hiesigen Blättern, die Oper habe einen completen verdienten Fiasco gemacht, sie sei ein elendes Machwerk etc. Am Abend nach der ersten Aufführung fand die Wiederholung statt; die Zischer waren ausgeblieben; die Oper wurde mit Aufmerksamkeit angehört, jede Nummer beklatscht und die Sänger beinahe nach allen Stücken, nach den Actschlüssen und am Ende gerufen. Von dieser Satisfaction aber, die mir geworden, werden unsere Recensenten wahrscheinlich schweigen."

Meyerbeer antwortete am 17. März:

„Aus eigener Erfahrung weiss ich, von welchen unendlichen Zufälligkeiten der Erfolg eines dramatischen Werkes am ersten Abend der Aufführung abhängt, und kann mich daher das, was Sie, hochverehrter Herr, mir über die Aufnahme des ersten Abends Ihrer neuen Oper in Wien mittheilen, durchaus nicht schwankend machen über den günstigen Eindruck, den mir das Werk bei Durchlesung der Partitur hervorbrachte. Doch da der Herr General-Intendant von Küstner, wie Sie mir in Ihrem werten Briefe schreiben, Ihnen schon früher die Annahme des Werkes verweigert hat, weil er das als Schauspiel längst gegebene Sujet für so bekannt hält, so lässt sich um so weniger voraussetzen, dass er jetzt geneigter für die Annahme sein werde. Es scheint mir daher nicht in Ihrem Interesse, verehrter Herr, zu liegen, in diesem Augenblick die Sache zu befürworten.

Meine Mutter dankt recht herzlich für Ihre freundliche Erinnerung und trägt mir auf, Ihnen von ihrer Seite die angelegentlichsten Empfehlungen zu hinterbringen. Indem ich mich auch meinerseits Ihrem gütigen Andenken empfehle, bitte ich Sie, die erneute Versicherung ausgezeichneter Hochachtung zu genehmigen, womit ich zu verbleiben die Ehre habe

Ihr ganz ergebener
Meyerbeer."

Wenige Monate nach dem Bonner Beethovenfeste, im November 1845, kam Berlioz nach Wien. Vesque ward von dessen geistvoller mit südlicher Romantik gesättigter Perönlichkeit unwiderstehlich gefesselt.

„Berlioz hat hier eingeschlagen," schreibt er im Jänner 1846, „gleichgiltig blieb niemand; er rief schreiende Feinde hervor, aber ebenso viele warme Freunde, worunter ich aufrichtig gehöre. Poesie und Technik ist dem Manne nicht abzusprechen. Seine Carnevals-Ouverture, der Gang zum Hochgericht, die Harald-Symphonie sind wirklich populär geworden; minder gefiel Romeo und Juliette. Die Harald-Symphonie habe ich für Clavier zu vier Händen arrangirt. David machte hier wenig, wer hätte das geglaubt! Die Noblesse und die Juden, die auf Berlioz schimpften, preisen zwar den David, aber ohne sehr warm zu werden. Einerseits ist seine Musik doch zu wenig Donizettisch, um diesen Laien zu gefallen, anderseits findet der Kenner zu wenig Tiefe, und so bleibt er zwischen zwei Sesseln."

Die geknüpfte freundschaftliche Beziehung zu Berlioz, der sich in Vesque's Hause besonders heimisch gefühlt, hat sich brieflich weitergesponnen.

Berlioz an Vesque:

Prague, 21 janvier 1846.

Mon cher ami,

J'aurais dû vous écrire plus tôt, puisque vous avez la bonté de vous intéresser à mes *opérations* musicales, mais ... per dire la verità, il y a un peu de paresse dans mon fait, et cela est si vrai que j'en ai honte ce soir et que je vous écris de toute la vitesse de ma plume, comme si cela devait rattraper le temps perdu (aussi vais-je faire vingt ratures).

Rien n'est plus aisé que de dire à des amis éloignés: „J'obtiens ici un succès fabuleux, incroyable, mirobolant; on est bien sûr que les correspondants ne pourront pas, de quelque temps au moins, vous donner un démenti; d'ailleurs, il en est de cela comme de la calomnie, *il en reste toujours quelque chose*. Pourtant cette fois, sans tomber dans le pathos mousseux, je vous dirai qu'il parait, qu'on trouve généralement, qu'on est assez porté à croire, qu'il est presque certain, qu'on est d'avis, qu'il est probable, que personne n'a envie de nier, que l'opinion publique . . . . . .

sérieusement, le succès de mon premier concert a été d'une spontanéité et d'une ardeur rares. Tous les Pragois que je connais m'assurent que jamais leur ville ne s'est montrée dans un tel état d'exaspération musicale.

Ils ont bissé trois morceaux; le docteur Ambros et Kittl prétendent que cela ne se fait ici pour la musique instrumentale. La Scène aux Champs et la Marche au Supplice surtout, ont produit une impression extraordinaire. L'exécution m'a paru remarquable, l'orchestre composé de la réunion des artistes du théâtre et des premiers élèves du Conservatoire, m'a étonné par la promptitude de sa conception et l'habileté de la plupart des instrumentistes. C'est peut-être la reconnaissance qui me fait parler ainsi, car la plupart des musiciens me traitent en Fétiche, en Manitou, en Grand Lama. Kittl assiste les répétitions à la tête des classes du Conservatoire qu'il amène pour étudier la manière de défricher des landes et l'art de se faire un chemin dans les broussailles. Quant au docteur Ambros, son bonheur est si complet qu'il est communicatif ou contagieux, et je suis vraiment heureux d'être venu à Prague, ne fût-ce que pour voir sa joie. Tomaschek s'est prononcé: un tiers pour, deux tiers contre. Il dit que je ne suis pas tout à fait fou, mais que peu s'en faut. On m'annonçait aussi à mon arrivée l'opposition d'un *journalier* musical qui ignore la musique, nommé Got ou God, lequel s'étant lancé tête baissée contre l'ouverture du Roi Lear qu'il entendit il y a un an, met son amour-propre à prouver qu'on ne peut rien comprendre à ce que je fais. Je ne sais pourtant pas le résultat du concert sur son opinion ... et je dors néanmoins. Presque toute la noblesse de Prague assistait à la séance. Les dames n'ont pas épargné leurs mains aristocratiques. Enfin, tout va; il y a seulement un insecte dont je voudrais inutilement me débarrasser et qui me ronge tant qu'il peut: c'est le directeur du théâtre. Son privilège l'autorise à prendre douze pour cent sur les recettes des concerts, et quand la somme perçue est respectable, comme celle de lundi dernier, cette dîme devient écrasante. Que faire .... comme à l'ordinaire, rendre à César ce qui n'est pas à César, *Sic nos non nobis* etc. Dimanche prochain, l'ultima academia, et le lendemain partiremo per Vienna. En attendant que j'aie le plaisir de vous revoir, veuillez présenter mes respectueux hommages à Madame de Vesque et faire mes amitiés à toute votre volière de petits anges, de Chérubins, de Séraphins, sans oublier surtout la Séraphine Mlle Félicie, dont je baise la jolie main avec la courtoisie d'un chevalier de la table ronde.

Bien entendu que ma femme est de moitié dans tout cela et se rappelle à votre souvenir.

Adieu, adieu, adieu, avec les cadences les plus parfaites, usitées et inusitées:

H. Berlioz.

Paris, 2 juillet 1846.

Mon cher ami,

Votre bonne, aimable et affectueuse lettre m'a fait un plaisir extrême dont j'ai hâte de vous remercier. Je vous eusse déjà écrit il y a trois semaines pour vous rendre compte d'une démarche que j'ai faite auprès du directeur de l'Opéra-Comique, au sujet d'un livret que vous m'aviez confié; mais on est venu me relancer précisément alors pour écrire une cantate destinée aux fêtes d'inauguration du chemin de fer du Nord, et j'étais si pressé par le temps que j'ai dû passer trois nuits. Aussitôt la partition terminée, j'ai été obligé de partir pour Lille, où elle devait être et où elle a été exécutée avec tout le bonheur désirable. J'ai été fêté et sérénadé de toutes les façons. La ville de Lille est la plus musicale de la France.

Maintenant, me voilà plus tranquille et j'ai repris de plus belle mon travail sur la „Damnation de Faust" qui avance, mais qui est encore loin d'être terminé. J'aurai quelques difficultés pour l'exécution, très probablement, à cause de la guerre sans merci ni trêve que j'ai déclarée dans mes feuilletons à l'Opéra et surtout à la direction de ce grand imbécile de théâtre. Je suis archibrouillé avec Fillet et la Stoltz que j'ai pris le parti de secouer tous les deux d'une façon fort rude. Quant à l'autre directeur, celui de l'Opéra-Comique, je suis au mieux avec lui et votre affaire eût marché toute seule s'il avait cru la pièce représentable, mais après l'avoir lu il m'a déclaré qu'il ne pensait pas qu'elle le fut en me témoignant le regret de ne pouvoir, par cette raison, profiter de la musique, sur le mérite de laquelle il s'en rapportait entièrement à mon opinion. Si vous étiez ici pendant un an au moins, les choses s'arrangeraient à merveille, d'autant plus qu'il est à court de bons ouvrages.

Je vous envoie ma réponse au président de la société philharmonique; veuillez y mettre l'adresse et la faire parvenir. Ma femme est toujours un peu souffrante; elle vous remercie bien de votre souvenir et nous parlons souvent ensemble de Madame Vesque et de votre charmante famille que nous aimons de tout notre cœur. Vous savez que je suis le chevalier déclaré de Mlle Félicie, donc je vous prie de me mettre à ses pieds très humblement.

Si vous pouvez voir Fischhof, vous m'obligerez de lui dire qu'il recevra dans peu une partition que je lui dois (la grande de la Fantastique) et dont l'envoi est encore retardé de quelques jours par l'imprimeur. Adieu, mon cher ami, quand vous pourrez, écrivez-moi une lettre un peu plus longue que la dernière et donnez-moi des nouvelles de nos meilleurs amis de Vienne, de Becher surtout, de Fischhof et du baron Lannoy. J'ai reçu dernièrement une lettre de Becher, mais il ne me dit rien de ce qui se passe musicalement à Vienne. Peut-être ne s'y passe-t-il rien. Ici nous avons des successions de mauvaises pièces, saupoudrées de mauvaises mélodies, accompagnées d'un mauvais orchestre, chantées par de mauvais chanteurs, écoutées par un mauvais public qui fort heureusement ne les écoute pas deux fois et les oublie au plus vite.

Adieu, encore une fois.

Votre tout dévoué corps et âme
H. Berlioz.

P. S. — Soyez assez bon pour me rappeler au souvenir de M. votre frère.

Londres, 27 novembre 1847.

Mon cher ami,

Je profite d'un instant de liberté que je ne retrouverais pas aisément pour répondre à votre charmante lettre. Je suis installé à Londres depuis trois semaines, et je vais y diriger l'orchestre du grand opéra anglais dont l'ouverture est fixée au 6 du mois prochain. Je suis également engagé par le directeur de ce théâtre pour donner quatre concerts composés exclusivement de mes ouvrages. Vous voyez que je dois être fort occupé et préoccupé. Je suis heureux qu'il en soit ainsi, car je mourrais d'ennui sans cela, dans cette Babylone qui m'est encore inconnue et où je suis seul. J'y ai pourtant éprouvé dernièrement une grande émotion musicale en entendant „l'Elie" de Mendelssohn. C'est admirablement grand et beau. Nous avons tous ressenti bien vivement la perte de cet éminent artiste; c'est un rude coup que la mort a frappé sur notre art. J'apprends que vous montez à Vienne son dernier ouvrage pour le concert annuel du Manège; je crois que vous l'admirerez autant que moi. Car si je ne me trompe, nous avons tous les deux une manière de sentir la musique assez peu dissemblable. Madame Barth-Hasselt m'avait écrit à Paris avant mon départ; je lui ai répondu d'ici en lui envoyant des propositions du directeur de Drurylane pour venir chanter ici l'opéra anglais, je n'ai point encore eu de ses nouvelles. Si vous pouvez en avoir, veuillez me les transmettre.

Soyez assez bon pour vous informer aussi auprès de Staudigl de ses intentions, et savoir si nous pouvons toujours compter sur lui. Il a promis de venir pour cette saison, on l'attend tous les jours et il n'arrive pas! Cela est d'autant plus grave pour l'opéra anglais que Pischek, désolé de la perte de sa femme, a écrit qu'il ne fallait pas compter sur lui cette année.

Pardonnez-moi de vous ennuyer ainsi de toutes ces affaires dramatiques, je compte sur votre indulgente amitié. Vous me parlez de Faust; il nous serait bien difficile pour ne pas dire impossible de le monter à Vienne faute d'un ténor.

Nous ne pourrions pas avoir Erl, et si nous en disposions je n'en voudrais pas. Nous allons monter cet ouvrage ici. Peut-être irai-je à Prague après la saison de Londres. Je pourrais y donner Faust sans difficulté, le théâtre possédant ce qu'il me faut (à peu près) pour les rôles. Il y aurait seulement le chœur à renforcer. En ce cas, nous nous verrions, je l'espère.

Adieu, adieu, mille amitiés à toute votre famille et pour vous mes sentiments les plus dévoués.

Votre affectionné
H. Berlioz.

Harley Street, 76.

Paris (rue de Boursault 19),
31 mars 1851.

Mon cher ami,

Je vous remercie mille et mille fois de votre souvenir et de la bonne idée que vous avez eue de m'envoyer votre nouvel ouvrage. Je l'ai déjà lu avidement et bien goûté dans la composition purement musicale. Malheureusement mon ignorance de la langue allemande m'empêche d'apprécier le mérite d'expression qui, je n'eu doute pas, existe, en outre dans vos mélodies et de saisir le lien étroit qui les unit à la poésie.

J'irai voir ce pauvre Heine un de ces jours, persuadé qu'il apprendra avec plaisir que vous ayez publié une telle collection sans négliger, comme tant d'autres l'ont fait, d'y mettre son nom. Il est toujours à demi mort et toujours aussi vivant par la tête. Il a l'air d'être à la fenêtre de sa tombe pour regarder encore ce monde dont il ne fait plus partie et se moquer de lui.

Dans l'une des dernières visites que je lui ai faites, en m'entendant annoncer, il me cria de son lit cette triste et charmante épigramme: „Quoi! Berlioz, vous ne m'avez donc pas oublié! toujours original!"

Hélas! oui, c'est une grande originalité dans cet affreux Paris, de ne pas oublier les absents, les demi-morts et les morts! Ne doutez pas, mon cher de Vesque, que je possède au moins celle-là. Je pense bien souvent à vous, et toutes les marques d'affection que vous m'avez données pendant mon séjour à Vienne, me sont présentes et chères comme si je les eusse reçues hier.

Mais quelle vie que la mienne ici! quel incessant tourbillon! jamais un instant de loisir, de calme rêverie; toujours courir, ou travailler à la hâte; toujours vibrer, toujours bourdonner; toujours contenir des indignations bouillonnantes; chaque matin, après quelques heures d'un sommeil plus ou moins inquiet, rentrer dans ce monde froidement agité, en frémissant comme un fer rouge qu'on plonge dans l'eau; et toujours trébucher en marchant sur des serpens et des crapauds!... Oh! si j'étais libre, libre par la moindre aisance, avec quel bonheur j'irais demain m'embarquer pour Palma ou Ténériffe, pour y dormir au doux soleil de ces îles Fortunées et parmi ces bonnes gens qui les habitent, insoucieux de la fièvre de l'art... Oh, la mer! la mer! l'espace libre! la grande lumière! la chaleur! la puissante végétation tropicale le silence!... la vie animale!

Pardon, mon cher ami, de me laisser aller à cette sotte apostrophe; je suis vraiment malade, vous le voyez.

Rappelez-moi au souvenir de votre charmante famille, à celui de Madame de Vesque et de votre frère, et croyez-moi toujours
Votre bien dévoué et
affectionné
Hector Berlioz.

Ehe die politischen Verhältnisse das musikalische und gesellige Leben in's Stocken bringen sollten, versammelten sich noch einmal im Winter 1846—47 eine reiche Zahl grosser Namen in Wien: Jenny Lind, Robert und Clara Schumann, Flotow, Meyerbeer. Die glänzende Aeusserlichkeit von Meyerbeer's Musik fand keinen Wiederhall in Vesque's musikalischem Wesen, das die Einflüsse seiner Jugend: Mozart, Weber und die neuromantischen Franzosen nie verleugnet hat. Auch in Meyerbeer's „Vielka" hörte er nur den Lärm und schien ihm „das ganze Orchester, Chor, Pistolenschuss, kurz alles nur dazu aufgewandt, um Effect zu machen."

Um so tieferen Eindruck machte die Lind. „Dieser Typus von Lieblichkeit und Genialität" entflammte damals alle Köpfe und Herzen und sogar staatsmännische Federn setzten sich zu ihrem Preise in Bewegung. Prokesch, sowie Vesque gaben ihrer Begeisterung in den von Frankl redigirten Sonntagsblättern Ausdruck.

Vesque sah in Jenny Lind „das Organ, welches das lange verschlossene Reich der dramatischen Musik wieder erschliessen sollte." „Wir hören sie nicht Concert singen im Theater, sie führt uns dramatische Gebilde vor, bei welchen sie die gangbaren, oberflächlichen Anschauungsweisen mit künstlerischem Bewusstsein verschmäht, und durch tiefere, nachhaltig wirkende Auffassung und Veredlung ersetzt. An ihr ist alles rein, edel, wahr. Welche Poesie der Erscheinung, welche Wahrheit und zugleich welche Schönheit der mannigfaltigen Darstellungen . . . .
. . . .
. . . . Und wie die Oper auf dem Vereine mehrerer schönen Künste beruht, so vereint Jenny Lind in sich auch die Vollendung in diesen Schwesterkünsten; die grössten Schauspieler staunen über ihr Spiel, Fanni Elsler bewundert ihre Mimik, und singen kann Jenny Lind wie eine Concertsängerin; an Ausbildung der Stimme, Coloratur, Triller, ist sie den grössten gleich, und über-

trifft die grossen." Er hofft aus dieser künstlerischen Erscheinung auf die Zukunft der Kunst und dass ihr Beispiel verirrte und anstrebende Talente zur wahren Bahn hinlenken werde. „Dann wird Jenny Lind auch bald nicht mehr genöthigt sein, in Werken fremden Ursprungs aufzutreten, dann wird die Empfänglichkeit des Publicums sich auch wieder dem Höchsten in der Kunst zuwenden; die deutschen Tonmeister aber, Meyerbeer, Mendelssohn, Nicolai, werden Muth und Lust fassen, deutsche Opern zu schreiben, für welche sie auch Sänger finden, und ein Publicum, das sie versteht. Und Deutschland, das Land des Gemüthslebens, wird dann auch in der ersten Kunst der Gemüthswelt wieder den ersten Rang einnehmen, wie es sich gebürt. . . . ."

Auf den in regem socialen und künstlerischen Schaffen verbrachten Winter 1846—47 folgte für Vesque eine düstere Zeit: der Verlust eines Jugendfreundes, eine Abspannung der Nerven in Folge von Ueberanstrengung und endlich der Tod Mendelssohns haben Vesque sehr angegriffen. Ueber den Tod Mendelssohn's mögen hier zwei Briefe folgen, von denen einer von Vesque an seinen Bruder, der andere von Moscheles an Vesque gerichtet ist.

Wien, den 18. November 1847.

Lieber Bruder!

Du verlangst einen ausführlichen Brief, und wahrlich der gegenwärtige könnte ausführlich genug werden, wenn ich ihn mit all' den traurigen Gedanken ausfüllen wollte, die mir in letzter Zeit das Gehirn umdüstern. Ich befinde mich in dem Zustande eines mit dem Spleen Behafteten, aber eines mit allem Grund Spleenhaften, da wirklich in und ausser mir nichts Anregendes und Erfreuliches sich zeigen will. Die grosse Haupttraurigkeit, die zu allem übrigen Aschgrauen einen Universal-Bister-Ton gemischt hat, ist Mendelssohn's Tod. Es ist gar nicht zu schildern, welche Bestürzung dieses so unerwartete Ereigniss bei uns allen hervorgebracht hat. Marie weint, so oft man den Namen ausspricht, und wir Kunstmänner, die nicht weinen, fühlen uns unseres Fahnenträgers beraubt. Mich insbesondere schmerzt der Fall auch wegen der persönlichen freundlichen Beziehungen, in denen ich schon in Leipzig mit Mendelssohn stand und die ich nun in Wien enger zu knüpfen hoffte; wir correspondirten über das Musikfest, bis unerwartet der Brief seiner Frau an mich über sein Erkranken ankam, dem mehrere folgten und endlich der letzte an Fischhof, der ihr in meinem Namen geschrieben hatte, da ich an der Grippe im Bette lag, in welchem Briefe sie einfach meldete: Auf Ihre Anfrage gibt es keine Antwort mehr, Gott hat meinen Mann am 4. d. M. Abends zu sich berufen; sagen Sie das dem Herrn von Vesque.

Als diese Nachricht an die beim „Elias" Mitwirkenden kam, war es der erste Impuls aller, auf eine Trauerdemonstration anzutragen. Die erste Aufführung wurde zu einer Trauerfeier bestimmt. Ein leeres Dirigentenpult mit einem Trauerflor und einem Kranz wurde errichtet; die Solosänger waren in Trauer gekleidet; der Mädchenchor weiss gekleidet mit schwarzen Binden und Schleifen, die Männer schwarz; vorher ein von Frankl gedichteter Prolog, gesprochen von Mlle Weissenbach. Die Aufführung selbst war so gut als es die Kräfte erlaubten: Schmidl's Direction umsichtig, doch ohne Geist und Schwung; die Chöre präcis; Orchester passabél, Staudigl vortrefflich, wenn auch etwas manierirt; Meyer, Lutz und Burg sehr schülerhaft und geistlos. Die Aufnahme beim Publicum lau; die Leute wollen bloss die Sänger hören und klatschen; dass die Composition die Hauptsache sei, haben sie schon lange verlernt; wehe auch dem Verdi und Consorten, wenn die Leute einmal der Composition ihre Hauptaufmerksamkeit zuwenden wollten! Ich halte den „Elias" für einen ungeheuren Fortschritt Mendelssohn's in der Breite der Anlage und Bewältigung der Massen; seit Händel hat niemand so gewaltige Chöre componirt; die Sologesänge dagegen lassen etwas Ermattung in der Erfindung spüren und stehen dem Paulus an Ursprünglichkeit nach. Als Beilage zum letzten Sonntagsblatt erschien ein dem Mendelssohn gewidmeter Bogen mit einem herzlichen Brief des Moscheles an Fischhof über die letzten Augenblicke des Verewigten; einem Briefe des Fräulein Salomon*) an Dessauer über denselben Gegenstand; einem Freundesnachrufe von Becher (der mit dem Trauerflor auf dem Hut herumgeht); einem Nachrufe von Hanslick; endlich dem obgedachten Prolog von Frankl.

Vorgestern veranstaltete ich bei mir eine Probe meines Quartettes durch Gebrüder Hellmesberger, Holz und Borzaga, worauf Nottebohm ein recht hübsches Quartett seiner Composition für Clavier, Violin, Alto und Kniegeige spielte. Wir waren 18 Personen, die bekannten Kunstfreunde Frankl, Laurencin, Walter

---

*) Die spätere Gattin des Componisten Franz von Holstein.

Goethe etc. Das Quartett klang nicht übel, Adagio und Scherzo sprachen allgemein an, und ich gedenke nächstens ein zweites zu beginnen, wahrscheinlich h-moll. Mit meinem Opernprojecte steht es schlimm — — nirgends ein Libretto aufzutreiben. — Mosenthal hat mir nur Schmarrn mitgetheilt — jetzt schwanke ich wieder zu einem Oratorium — vielleicht Genovefa? — und möchte Frankl zum Gedichte auffordern. Besprich Dich doch mit Schwind über allfällige Texte zu Opern oder Oratorien und schreibe mir bald etwas darüber.

In der gesellschaftlichen Welt sieht es heuer schlecht aus. Noch rührt sich nichts. In einigen Häusern hat der Tod seine Werkstätte aufgeschlagen. Die Concordia hatte eine Eröffnungssoirée, an der ich weislich nicht Theil nahm; es sollen wieder recht wienerische Gemeinheiten von Seite Castelli's und Kaiser's vorgefallen sein; der disgusto ist allgemein und die Sache geht der Auflösung entgegen. Dagegen hat Schmidl eine Literaten-Gesellschaft gestiftet, die alle acht Tage bei Streitberger in der Schullerstrasse zusammenkommt, und an der nur bessere Literaten und Gelehrte (Hammer, Chmel u. a.) Theil nehmen sollen; ich werde nächstens Samstag hineinsehen. Das Supiritum macht sich ziemlich. In den Theatern gibt es allerlei Novitäten, doch fällt es mir gar nicht mehr ein, dass es noch ein Theater gibt, seitdem nichts von einer Kunstanstalt weiter entfernt ist, als ein solches Theater. Wie ich aus Deinem Briefe sehe, sind Theater und Concerte auch in München nicht viel anders als bei uns. Vom 1. December an soll die Wiener Zeitung unter Stubenrauch's und Heissler's Redaction im Format der Débats herauskommen; sie scheinen ein gutes Blatt zu beabsichtigen. Zum Musikreferenten ist auf mein Anrathen Hanslick gewählt; den Becher will niemand mehr, seitdem er sich durch seine Kritiken gegen Schumann und für Mortier so compromittirt hat. Mortier ist übrigens mit Gestank und mit Schulden verschwunden unter polizeilicher Abschaffung.

. . . .

Unsere Grüsse an Schwind. Hast Du Lachner noch nicht gesprochen?

Tausend Grüsse von Marie, den Kindern und

Jean.

Moscheles an Vesque:

Leipzig, den 19. December 1847.

Geschätzter Herr und Freund!

Ein wahrer Lichtstrahl war mir Ihr lieber Brief in jetzt von aussen und innen umnebelter Zeit. Nicht angemessener und wohlthuender hätten Sie sich meiner erinnern können als jetzt, wo wir so gemeinschaftlich den Verlust Mendelssohn's betrauern. Dass Sie ihm persönlich und geistig nahe gestanden, verbürgt mir dass Sie auch nicht authören werden, sein Andenken im Herzen zu tragen, und die Kunst aus dem edlen Standtpunkte betrachten, zu der er sie erhoben hat. Mit ihm sympathisirend, kann uns die Kunst nur wahre Genüsse verschaffen, und uns im eigenen Schaffen als Leitstern dienen. Ich will meine Gefühle über ihn hier nicht mehr auseinandersetzen. Die ganze musikalische Welt thut es in Nachrufen etc. und Sie können die meinigen am Besten errathen.

Ohnehin haben meine Gefühlsausdrücke durch die Veröffentlichung meines Briefes an Professor Fischhof eine Oeffentlichkeit erhalten, die ich nicht gewünscht hatte.

Professor Fischhof hat in seiner aufgeregten Stimmung nur berücksichtigt das allgemeine Interesse, welches der Gegenstand für sich hatte, aber nicht die schwache unschriftstellerische Ausführung derselben . . . .
. . . .

Madame Mendelssohn liess mir das traurige Privilegium zu Theil werden, in seinem Portefeuille die letzten Arbeiten zu sehen und in seinen Blättern zu schwärmen.

Ein Oratorium, der Gegenstand Christus, ist angefangen! Der Anlage nach hatte er sich die höchste Aufgabe gestellt und hätte sie sicher gelöst, wenn — — —

Bloss drei Stücke davon sind vollendet. Ebenso findet sich der erste Act zur Oper Loreley skizzirt. Nur zwei Stücke sind in den Vocal-Parten beendigt, in der Partitur aber nur theilweise.

Das Finale ist das einzig vollendete Stück, und weil am Ende die Worte: Ende des ersten Actes stehn, führte dieses zu dem Glauben, dass wirklich ein ganzer Act da sei. Es wird leider mit diesem Bruchstück gehen wie mit C. M. von Weber's hinterlassenen Papieren! kein Componist wird sich anmassen wollen, ihm seine Gedanken zu ergänzen. Zwei vierhändige Stücke, einige

Lieder und vielleicht einige seiner frühesten Arbeiten werden mit der Zeit der Oeffentlichkeit übergeben werden.

Zu seinen späteren unpublicirten Sachen gehört jedoch eine Symphonie in a-dur (die er in Italien geschrieben hatte). Sie ist im Besitz der Philharmon-Gesellschaft in London, wo ich sie mehrmal dirigirt habe. Diese Composition liebe ich sehr, sie ist so überaus heiter und fröhlich, wie die in a-moll düster und schwärmerisch. Die nicht publicirte Ouverture zu Victor Hugo's Ruy Blas steht seinen anderen nach, weil sie nur Beziehung zum Stück hat, und als Concert-Ouverture weniger anwendbar sein wird. Seine eben publicirten sechs Lieder haben einen Anstrich von dem Ernst und dem düsteren Gefühle, welches ihn in letzter Zeit durchdrang, und sechs Kinderstücke für's Clavier, die Härtel herausgegeben hat, sind in kleinerer Ferne so interessant und ansprechend, wie seine Lieder ohne Worte.

Mein hiesiger Aufenthalt hat den magnetischen Reiz verloren, den er durch Mendelssohn für mich hatte. Unser 23jähriges Freundschaftsverhältniss verschlang sich zu einem Knoten theils durch vieles Zusammenleben in England, theils durch eine lebhafte Correspondenz (ich besitze über 70 Briefe von ihm und selbst meine Frau hat 40 Briefe: Zeichen seiner Freundschaft) und sein Wunsch, einmal mit uns zusammenzuleben, ist darin vielfach ausgesprochen.

Seine Ideen, der Zweck, den er im Auge hatte als er das hiesige Conservatorium in's Leben rief, sind mir genau bekannt, und dass er mich als Hauptstütze dabei haben wollte, gewährt mir ein Bewusstsein, auf welches ich stolz bin. Er hat der Stadt ein schönes Vermächtniss durch dieses Institut hinterlassen. Vereint mit ihm wäre diese neue Sphäre von höchstem Interesse für mich gewesen! nun sehe ich die verwaiste Pflanzschule als ein der Kunst gewidmetes Heiligthum an, und widme mich dessen Pflege mit Liebe und Treue.

Ich muss aber auch mit Dankbarkeit anerkennen, dass man mir hier allenthalben mit herzlicher Freundlichkeit entgegenkommt und dass moinem Wollen und Wirken ein ehrendes Zutrauen geschenkt wird.

An Kunstgenüssen fehlt es mir hier nicht. Es kommt mir vor als genösse ich hier nur die Essenz von allem dem, welches die grossen Hauptstädte bieten können (ausgenommen die theuern italienischen Kehlen, von welchen ein paar Cadenzen mehr kosten,

als ein Original-Quartett von Mozart oder Beethoven gekostet
haben mag). Die hiesige Oper thut mit beschränkten Mitteln ihr
Möglichstes. Aber die wöchentlichen Gewaudhaus-Concerte unter
Gade's Leitung, das vortrefflich eingespielte Orchester, die wöchentlichen Quartettabende, David erste Violine, Gade (herrlicher Altspieler), Wittmann (ein Wiener) ausgezeichneter Violoncellist, abwechselnd mit Cossman (Virtuose auf diesem Instrument) geben
meinem Geiste kräftige Nahrung. Benefice-Concerte von reisenden
Virtuosen und Wunderkindern gelingen hier so selten, dass sie
unsere Stadt wie eilende Wellen vorbeipassiren, und uns verschonen.
Der Kapellmeister J. Rietz ist eine herrliche Zugabe zu unserem
Künstlerkreise, ich musicire oft mit ihm und auch sein Violoncellspiel ist mir wohlthuender als die nervöse Affectation eines
Batta oder Servais. Besuchen Sie uns nur einmal und führen Sie
Ihre Musik bei uns ein. Ihr Violinquartett (von welchem Sie mir
schreiben) möchte ich hören, und gut kann es hier gegeben werden. Auch freue ich mich auf Ihren Cyklus von Liedern. Ich kenne
Ihre Gemüthlichkeit und Ihr schönes Streben und zweifle nicht,
dass Sie immer tiefer in das wahre Wesen der Kunst eindringen
werden. Ich bin immer mit grossem Interesse Ihrer vielfachen
Thätigkeit gefolgt und dass ich mich Ihre musikalische Amme
nennen darf, thut mir so wohl, wie mich zu nennen
Ihr mit Hochachtung
ergebenster Freund
J. Moscheles.

Wir lassen hier den ersten der von Mendelssohn vor seiner
Erkrankung an Vesque gerichteten Briefe folgen.

Mendelssohn an Vesque:

Baden-Baden, den 15. Juni 1847.
Hochgeehrter Herr!

Empfangen Sie meinen besten Dank für Ihren freundlichen
Brief und die ehrenvolle Einladung, welche er enthält. Was könnte
einem Musiker wohl mehr Freude gewähren, als die Aussicht,
ein neues Werk mit so herrlichen Mitteln, so unübertrefflich ausgeführt zu hören, wie es dort bei den Musikfesten der Fall sein
muss! Daher bitte ich Sie, vor allem der Gesellschaft der Musikfreunde meinen herzlichsten Dank für die grosse Auszeichnung,
die sie mir zu Theil werden lassen will, auf's angelegentlichste
auszudrücken; und Sie selbst, hochgeehrter Herr, glauben Sie mir,
dass ich einen Beweis von Güte und Freundlichkeit, wie es Ihr
Brief ist, in seinem ganzen Umfange zu würdigen weiss, umso-

mehr, da er von einem Künstler und Kunstbruder kommt (denn in einem Briefe wie dieser, müssen Sie mir schon erlauben, Sie mit diesem Titel anzureden). Aber wie Sie schon am Schluss Ihres Schreibens erwähnten, hat mich dasselbe in einer sehr, sehr tiefgebeugten Stimmung getroffen. Ich thue was ich kann, um mich in dem Nachhängen an diesem Schmerz nicht gehen zu lassen, aber beim Gedanken an Musikfest, an öffentliches Dirigiren ist mir's immer noch, als ob ich daran für's erste nicht würde denken können, als sei ich nicht bloss geistig zu gebeugt, sondern auch körperlich nicht stark und frisch genug dazu. Lässt diese muthlose Stimmung nach, so sollte mich gewiss nichts abhalten, meinen „Elias" im November in Wien zu dirigiren, denn ich weiss bestimmt, dass es mir die grösste Freude sein würde; hält aber diese Stimmung an, wie sie in den letzten drei Wochen unverändert angehalten hat, so bin ich nicht dazu im Stande. Ich danke Ihnen daher um so mehr, dass Sie es übernommen haben, mir deswegen zu schreiben, denn ich kann Ihnen meine Empfindung unverholen aussprechen, während ich auf einen officiellen Brief der Gesellschaft eine bestimmte Antwort hätte geben müssen, und die würde im jetzigen Augenblick allerdings keine zusagende gewesen sein. Haben Sie daher die Güte mich wissen zu lassen, bis wann jenes officielle Schreiben und meine definitive Antwort aufgeschoben bleiben können, ohne dass das Gelingen des Festes in irgend einem Falle dadurch beeinträchtigt würde. Meine Adresse bleibt für die nächsten drei bis vier Wochen wenigstens Frankfurt am Main, adr. Mme Jeanrenaud-Souchay am Fahrthor."

Auf alle näheren Details erlauben Sie mir denn wohl erst später einzugehen, doch ist ein Punkt, den ich, die Sache möge sich nun wenden wie sie wolle, gleich heute erwähnen möchte. Der Honorarpunkt nämlich, da ich seit mehreren Jahren die Verhältnisse der Gesellschaft kennen gelernt habe und die Bestätigung davon in Ihren Andeutungen erneuert finde, so würde ich jedes Honorar sowie die Erstattung der Reise- und Aufenthaltskosten, von denen Sie mir schreiben, auf's bestimmteste ablehnen, und eine solche Reise nach Wien nur als eine Freude, die ich mir selbst machen möchte, in keiner Hinsicht aber als eine Geschäftssache ansehen. Ich kann nicht umhin, dieses Punktes gleich heute zu gedenken, weil ich früheren oder späteren Missverständnissen dadurch zu begegnen wünsche, und weil ich doch die Hoffnung hege, sei es nun in diesem oder einem künftigen

Jahre, endlich einmal Wien und dessen Künstlerwelt kennen zu lernen, wo ich denn jenen Punkt ein für alle mal abgethan und in Ordnung gebracht haben möchte. Sie würden mich auf's neue zum lebhaftesten Dank verpflichten, wenn Sie diese meine Ansicht zur Kenntniss der Gesellschaft bringen und mir dann gestatten wollten, nicht wieder derselben gegenüber darauf zurückkommen zu müssen.

Herrn Professor Fischhof bitte ich Sie meinen besten Gruss und aufrichtigsten Dank für seine Einladung zu sagen. Er weiss wohl selbst, wie gerne ich sie annehme, und wie erkenntlich ich ihm in jedem Falle für seine gütige Absicht bin.

Indem ich Ihnen für Ihre überaus freundliche Bemühung meine Danksagungen wiederhole, bin ich, Hochgeehrtester Herr Hofrath, mit der vollkommensten Hochachtung
            Euer Hochwohlgeboren
                        ergebenster
            Felix Mendelssohn-Bartholdy.

VIII.

Die trübe Stimmung der Novembertage 1847 hielt an und spann sich in das folgende Jahr hinüber. Die äusseren Verhältnisse waren nicht darnach, den Bann zu lösen. Auf allen Kreisen der Gesellschaft lastete ein Druck, der Spannung gleich, die einem reinigenden Gewitter vorangeht. Die Kunst war begreiflicherweise die erste, die sich durch die in der Luft liegende Gährung verschüchtert zurückzog. Im Januar 1848 schreibt Vesque hierüber an seinen Bruder:

„Das Gesellige und Künstlerische geht heuer sehr matt, wenn ich auch öfters an etwas Theil nehme; es fehlt aber allseitig der Geist und das Interesse. Die Zeit ist zu ernst. Die italienischen Wirren erregen hier allseitig Beängstigung und Spannung; überhaupt fühlt jeder, dass wesentliche Ereignisse bevorstehen und die sonst lebensfrohen Wiener sind wie umgewandelt. Dazu der strenge Winter und im Hintergrunde Gerüchte von Cholera und Typhus. I nu! Qui vivra, verra."

Am 22. Februar schreibt er:

„Die Ereignisse in Italien verbreiten hier allgemeine Besorgnisse und düstere Stimmung — wohin gehen wir? was wird's? Alles fragt und klagt und es wird so viel überall politisirt, dass die Regierung an alle Beamte ein Circular erlassen hat, sie sollen ja nirgends eine politische Ansicht äussern, im Guten oder Schlechten. Auch einige Börsenspeculanten à la baisse sind verhaftet worden, und so gibt's denn heuer manches andere zu reden und zu denken, als Sperl, Strauss und Lind. Merelli soll erklärt haben, keine italienische Oper herstellen zu können, da kein Italiener ein Engagement für Wien anzunehmen wagt — à quelque chose malheur est bon."

Am 11. März 1848.

Ich kann Dir keine Beschreibung geben von der Aufregung, in der man hier diesen Winter durchbringt. Die Leute reden, denken, essen und trinken nichts als Politik. Früher waren es unsere Wirren in Italien und man wurde in Wien so ängstlich, dass die Leute auf dem Markte und in den Gewölben keine Banknoten mehr annahmen und alles sein Geld aus der Sparcasse zu nehmen lief. Nun hat man den Fond der Bank und der Sparcasse öffentlich bekannt gegeben und so die Leute in dieser Beziehung beruhigt. Seit der Republik in Frankreich ist aber die Spannung hier nur noch grösser. Man meint, dass die dermaligen bureaukratischen Institutionen Oesterreichs keine Beruhigung in solchen Zeiten gewähren, man wünscht allerlei Reformen. In diesem Sinne wurde neulich eine Adresse im Gewerbeverein dem Erzherzog Franz Carl überreicht; auch andere Adressen sollen circuliren und sich mit zahlreichen Unterschriften bedecken. Ich halte mich natürlich von all dem Treiben fern und weiss daher auch nichts Näheres darüber. Ich gehe nirgends mehr hin, da ich selbst zu ergriffen über alles das bin; auch bekomme ich so wenig Erfreuliches zu hören, dass es besser ist, ich höre nichts an und bleibe zu Haus. Die Leute sind nun einmal unzufrieden und es wäre sehr zu wünschen, dass eine beruhigende Massregel bei Zeiten komme. Nun ist man auf die Sitzung der niederösterreichischen Landstände gespannt, welche übermorgen stattfindet. Der Kaiser hat in der Wiener Zeitung erklärt, dass er auf die Mitwirkung seiner getreuen Stände zähle. Der ungarische Landtag hat den Beschluss gefasst, den Kaiser zu bitten, sich auch in der ganzen Monarchie mit constitutionellen Institutionen zu umgeben, sonst könnten die Ungarn zu seiner Regierung kein Vertrauen fassen. Sind das Zeiten! Wo ist das Königreich Frankreich? Wo ist der deutsche Bund? Wo die österreichische Zufriedenheit und Gemüthlichkeit? Dass jetzt das Zeitalter der Kunst aufhört und jenes des Handelns und Ringens da ist, wird mir klar. Ich bin zwar fleissig an der Umarbeitung meines Käthchens, aber bloss formell — erfinden thue ich nichts Neues daran, sondern nur die Form verbessern — ich wäre zum eigentlichen Produciren ganz unfähig. So geht es hier allen. Supiritum, Concordia, alles das hat aufgehört; man sitzt im Kaffeehaus und verschlingt die politischen Zeitungen; belletristische Journale werden gar nicht mehr angeschaut.

Neulich war ich in Fra Diavolo; auch in's Concert spirituel schaute ich hinein; eine Ouverture von einem russischen Kapellmeister über ein russisches Volkslied wurde ausgezischt; das Kyrie von Beethoven tröstete mich, und eine neue wunderschöne Symphonie von Mozart. Die Republik in Frankreich und eine neue Symphonie von Mozart! — in welchem Jahrhundert leben wir denn?

An denselben:

Wien, den 16. März 1848.

Liebster Bruder!

Wenn mir jemand noch vorgestern gesagt hätte, dass ich Hofrath der Staatskanzlei, hierlands Nationalgardist würde und Oesterreich eine Constitution erhielte, so hätte ich ihn für einen Träumer erklärt — und heute ist das alles wahr und ich glaube selbst zu träumen. Ich bin noch zu aufgeregt und ermüdet, um ordentlich zu schreiben, Du wirst ohnehin aus den Zeitungen das Geschehene erfahren. Ich will Dir nur hier in Kürze das von mir selbst Erlebte in Schlagwörtern andeuten.

Sonntag den 12. höre ich, dass die Studenten eine Adresse an den Kaiser beschlossen haben, wegen Gewährung zeitgemässer Reformen. Hye und Jenull suchen die Bewegung zu leiten und gehen mit der Adresse zum Kaiser. Kremer kommt nicht zu Wort; Heintl, der den grossen Universitätssaal mit den 2000 Studenten drin zusperren lassen wollte, wird über die Stiege geworfen.

Montag den 13. vollende ich mein Käthchen um 10 Uhr und gehe in die Staatskanzlei. Fürchterliches Menschenwogen in der Herrengasse und Umgebung. Die Stände sind im Landhause versammelt. Vor der Staatskanzlei stehen zwei Compagnien Grenadiere, ein Bataillon auf dem Burgplatz, ein anderes auf dem äussern Burgplatz.

Sie laden ihre Gewehre im Angesicht des Volkes, worüber gelacht wird. Ich sehe, dass man oben Furcht zeigt und halte die Sache der Regierung für verloren. Stürmische Scenen im Landhause, zwischen Ständen, Studenten, Volk. Wie ich in der Staatskanzlei gegen die militärische Demonstration perorire, erfolgte der fürchterliche Hallobruf auf dem Ballplatze, von Paris aus mir sehr bekannt. Ich eile aus der Kanzlei, auf dem Platze stehen Tausende, ein Redner wird auf den Schultern der Leute emporgehoben und spricht gegen Metternich's Fenster gerichtet über den Fortschritt und die Wünsche der Nation, im Angesicht der zwei Compagnien, die nichts thun. Ich gehe über die Basteien, die Thore sind gesperrt — alles voll Militär — komme nach Haus, fürchterliche bange Stunden. Marie und die Kinder sind ausgegangen, vielleicht sind sie abgesperrt! Endlich kommen sie. Man hat schiessen lassen, sie sahen einen Verwundeten von dem Volke auf einem Officierspferde herumführen. Man fürchtet, dass Nachmittags die Proletarier aus den Vorstädten eindringen. Wirklich dringt gegen Abend eine wilde Horde durch unsere Jakobergasse, schlägt die Fenster ein (bei uns nicht), zieht durch die Stadt und schlägt die Fenster an allen kaiserlichen Gebäuden ein, zertrümmert die Schilderhäuser und Abends beleuchtet man die Stadt; wir wissen nicht, warum es angesagt wird; ich denke, um statt der einzuschlagenden Gaslaternen zu dienen, doch nein, man meldet, Metternich habe abgedankt, der Kaiser die Studentenbewaffnung angeordnet. Wir gehen alle Abends 10 Uhr zum bürgerlichen Zeughaus, wo die Studenten Waffen bekommen und mit Fackeln aufziehen, dann in die Wachposten statt des Militärs zugleich mit den Bürgern vertheilt werden. Am Hof steht ein Regiment chevau-légers; am Stephansplatz eine Batterie geladener Kanonen.

Dienstag den 14. früh in den Leseverein; es sieht dort aus wie auf einer Wachstube. Becher, Dessauer, Frankl und alle bewaffnet. In den Vorstädten wurde von den Proletariern gesengt und gemordet; die Studenten und Bürger fochten und verhafteten; Professor Endlicher*) focht wie ein Löwe in Gumpendorf; Dr. Elz u. s. w. Die Villa Metternich ist verwüstet.

Noch immer keine beruhigende Proclamation von oben; die Stimmung ist aufgeregt; man will gegen die Burg ziehen. Alles trägt roth und weisse Cocarden.

Ich eile zu Lebzeltern in's Haus und beschwöre ihn nach Hof zu gehen und auf eine calmirende Proclamation anzutragen. Er verspricht es zu thun. Ich gehe auf die Staatskanzlei und verliere dort die Geduld, dass niemand einsehen will, dass es sich doch um die Existenz der Dynastie und Monarchie handelt. Ich gehe hinauf zu Metternich, er sitzt umgeben von seiner ganzen Familie in Reisekleidern.

---

*) Berühmter Botaniker.

Josika, Hügel, der weint etc. Ich habe eine Proclamation entworfen:

„Der Kaiser soll allsogleich die Ernennung Colloredo's statt Metternich, Pillersdorf's statt Sedlnitzky, dann eines populären Generalcommandanten und Bürgermeisters verkünden; das Militär abziehen lassen, die Bewachung der Burg den Bürgern anvertrauen, dann ausfahren unter seine getreuen Wiener etc." Ich lasse das dem Fürsten lesen, sag' ihm, er habe 30 Jahre die Zügel der Regierung in Händen gehabt; seit er sie weggelegt, sei Anarchie eingetreten, er solle wenigstens noch als Unterthan, wenn nicht als Staatskanzler, dem Kaiser rathen, gleich etwas zu thun, denn mit jeder Minute werde die Sache ärger. Der Fürst antwortet mir: „Man hat mir gesagt, wenn ich abdanke, wird es ruhig werden, da war meine Wahl nicht zweifelhaft; man hat mir dann gedankt, dass ich es gethan; ich habe geantwortet, man solle mir nicht als Gefälligkeit anrechnen, was nur meine Pflicht war. Nun bin ich nicht mehr Minister und habe nichts mehr zu reden. Sie sind Jurist. Sie wissen, dass mit der Abnahme des Bestallungsdecretes das Recht zur Vertretung aufhört." Josika sagte mir: „Eine elende Fraction hat diesen edlen Staatsmann verdrängt, jetzt sollen sie sehen, wie sie darauskommen." Der Fürst sagte mir: „Gehen Sie selbst nach Hof." Ich begebe mich zu Lebzeltern und frage, ob er als Staatsrath und jetziger Leiter der Staatskanzlei nach Hof gehen wolle? Er meint, ich solle selbst gehen. Ich winde mich durch die Soldaten, die ganze Burg ist mit Infanterie und Cavallerie besetzt, die Thore verrammelt etc. Ich habe eine Staatskanzleikarte, die mir den Eingang verschafft und gehe zum Erzherzog Ludwig. Im ersten Zimmer fürchterliche Rathlosigkeit und polnischer Landtag. Generäle, Kammerherrn, Stände, Bürger, Banquiers. Ich lasse mich beim Erzherzog melden und beschwöre ihn, meine Anträge zu erfüllen. Das wäre was Schönes, antwortete er; er blieb unerschütterlich. Ich trete wieder ins erste Zimmer. Man verlangt die Errichtung einer Nationalgarde. Zwei Stunden vergehen, weil der Erzherzog den Ausdruck „Nationalgarde" als revolutionär verwirft und nur von einer Vermehrung des Bürgermilitärs hören will. Ich schicke geschwind einen Leiblakai in die Staatskanzlei, damit die Steindruckerei sich bereit halte, alsogleich die kaiserliche Proclamation über die Nationalgarde zu vervielfältigen. Der Obersthofmeister Graf Bombelles fragt mich, wie ich als Beamter mich in diese Sache mischen könne und der Regierung neue Verlegenheiten bereiten wolle; es würde mir schaden, denn man werde mir das nicht vergessen." Ich antwortete, wie ein ehrlicher Mann antworten muss. Endlich kommt die Proclamation über die Nationalgarde; ungeheurer Jubel. Alles nimmt die rothen Bänder weg und trägt nur weiss. Ich gehe mit vielen jungen Staatskanzleibeamten auf Anrathen Lebzelters auf's Rathhaus, um mich in die Garde aufnehmen zu lassen. Nach Tisch verbreitet sich das Gerücht, dass die versprochene Pressfreiheit nicht gewährt wird, überhaupt entsteht grosses Misstrauen, man wolle die Bevölkerung nur hinhalten, bis mehr Militär aus den Provinzen kommt, und dann Studenten und Nationalgarde massacriren und alles nimmt wieder die rothen Bänder; die Jugend ergreift eine heldenmüthige Begeisterung und Todesverachtung.

Fürst Windischgrätz, Commandant der Burg, äusserte, er könnte die Burg mit seinen ermüdeten Soldaten nicht lange halten; die Pressfreiheit wird gewährt und öffentlich kundgemacht. Ungeheurer Jubel — roth weg — Alles weisse Cocarden; vom Balkon des Lesevereins hängt eine Fahne mit der Inschrift: Pressfreiheit etc. Zweite Beleuchtung der ganzen Stadt.

Mittwoch, den 15. Früh erscheint eine in drohendem Ton abgefasste Proclamation des Fürsten Windischgrätz, den der Kaiser zum Dictator ernannt hat. Abermalige entschiedene Missstimmung, man werde denn doch die Burg stürmen, man meine es dort nicht aufrichtig u. s. w. Ich mische mich überall in die Massen, haranguire und belehre die Leute zu Gunsten der Regierung; man habe schon Nationalgarde und Pressfreiheit, das Uebrige werde sich finden; man solle zufrieden sein. Einige reissen die Windischgrätz'sche Proclamation herab; Ransonnet lässt am Kohlmarkt einen solchen Abreisser verhaften durch die Nationalgarde. Eine andere Proclamation beruft den vereinigten Landtag der Stände wegen ihres Beiraths bis Ende Juli. Man ist abermals damit unzufrieden. Unterdessen läuft Graf Fries durch die Gassen und proclamirt, dass Fürst Windischgrätz abgedankt und Fürst Carl Liechtenstein Generalcommandant von Wien ist. Bessere Stimmung. Fürst Metternich und Erzherzog Albrecht haben Wien verlassen. Endlich fährt der Kaiser mit dem Franz Carl*) und dem kleinen Thronfolger in einem offenen Wagen durch die Stadt.

---

*) Bruder desselben.

Pyramidaler Jubel der Bevölkerung, dem Kaiser wird unwohl, so dass er die Fahrt abkürzt. Erzherzog Stephan kommt aus Pressburg in einer Postchaise an; am Graben werden ihm die Pferde ausgespannt und er nach Hof gezogen von den Leuten; Bürger setzten sich zu ihm in den Wagen. Eine Deputation von 150 Ungarn kommt auch an. Volksprediger stehen an allen Strassenecken und halten aufrührerische gefährliche Reden. Ich begegne Bauernfeld, der mir weinend sagt, es seien socialistische Emissäre da, die das Volk bearbeiten, man spreche von Republik, von Abdankung des Kaisers — da könne nur ein radicaler Entschluss mehr helfen, sonst gehe alles in Trümmer. Er wolle nach Hof, um das vorzustellen, könne aber nicht durch das Militär kommen. Ich führe ihn mittelst meiner Karte hinein, bis in die Kammer des Erzherzogs Ludwig, bei dem eben Erzherzog Stephan sich befindet; Bauernfeld war von Anastasius Grün und dem jungen Czernin begleitet. Bauernfeld lässt den Erzherzog Stephan herausbitten. Ich gehe fort in den Heiligenkreuzerhof, wo die Nationalgarde des Stubenviertels organisirt wird, lasse mich in eine Compagnie einreihen, da aber die Leute meinen, ich hätte als Hofrath noch was anderes zu thun, begnüge ich mich den guten Willen gezeigt zu haben und trete noch nicht ein. Viele Bekannte, Sichrovsky, Pidoll, Sacken, Würth sind dabei, patrouilliren in Stadt und Vorstädten; Theodor Sacken steht in der Singerstrasse bei der Hofkammer als Schildwache. Ich gehe bekümmerten Herzens essen, da bringt der Hausmeister die Proclamation: die Stände werden in nächster Frist berufen und Oesterreich hat eine Constitution.

Dieses Zauberwort macht allem Elend ein Ende, unaussprechlicher Jubel, unabsehbare Züge der Studenten mit dem Bilde des Kaisers, der Nationalgarde, Bürger etc., „Gott erhalte" singend, Palmzweige tragend, auch dem armen Militär, das man bis jetzt überall auspfiff, werden Vivats gebracht, eine unermessliche Menschenmenge wogt; dritte Beleuchtung der Stadt, Vorstädte und des flachen Landes; bei Pillersdorf (am Graben, Trattnerhof) singen am Fenster vier Mädchen „Gott erhalte"; italienische Grenadiere bringen einen Zug von 300 Mordbrennern aus den Vorstädten, Penzing, Weidling u. s. w. unter Vivatrufen durch die Kärnthnerstrasse. Alles ruft: es lebe Ferdinand, es lebe die Constitution, die Pressfreiheit. (Bauernfeld hat wirklich mit dem Erzherzog Stephan gesprochen, der mit allem einverstanden war; bald darauf kam die Proclamation.)

Donnerstag den 16. Heute früh war ich auf der Landstrasse und dem Rennweg; Handel und Gewerbe gehen wieder; man begegnet zahlreichen Zügen von Studenten und Nationalgardisten; bei einem sehe ich Dr. August Schmid, beim anderen Professor Rösler als Hauptmann fungiren. Bei den Buchhändlern sind verbotene Bücher zu sehen, Gedichte werden verkauft. Der Kaiser fährt um 11 Uhr auf die Universität und spricht mit den Studenten. Abends ist Fackelzug mit Musik in der Burg. Noch ist diese militärisch besetzt, auf Basteien und Glacis bivouaquirt das Militär; in der Staatskanzlei sind noch immer die Jäger — doch ist alles für jetzt ruhig und vergnügt. Eben bin ich als Mitglied des Comité zur Berathung des neuen Pressgesetzes ernannt worden. Es ist bald 4 Uhr und ich gehe speisen. Je suis rendu vor Lärm und Getümmel. Adieu, es grüsst und küsst Dich Dein Bruder

Jean.

Auch in Steiermark und Böhmen ging es los. Erzherzog Joseph hat schon am 13. Wien verlassen, um Graz zu calmiren. Das Wort Constitution wird jetzt wohl alles calmiren.

Wien, den 18. März 1848.

Liebster Bruder!

Die Freudenfeier vorgestern (am 10.) Abends war ungeheuer; die Beleuchtung der Stadt (die vierte), das Singen, Schnupftuchwedeln, der Zug der Nationalgarde, der Studenten, Künstler (Perger als Hauptmann à la tête) über 40.000 Bewaffnete. Dazu war, da die Stadtthore wieder geöffnet waren, die ganze Stadt und Vorstadt auf der Gasse, und eine Ruhe und Ordnung, dass ich mit meinen Kindern konnte unter die 30.000 Menschen ungehindert gehen. Ueberhaupt haben sich die Wiener herrlich benommen. Nichts wurde gestohlen; und welcher Heldenmuth der Jugend! Gestern (17.) war die grosse Leichenfeier, 17 Leichen, vom Spital in der Alsergasse zu der Schmelz mit der ganzen Nationalgarde. Abends war keine Beleuchtung mehr, Gottlob! und die Ruhe fängt an sich zu machen.

Heute haben endlich die ängstlichen Rathgeber die Besatzung von der Burg und der Staatskanzlei weggezogen. Eben ist Graf Fiquelmont zum Minister des Auswärtigen ernannt worden; ich hatte schon eine Unterredung mit ihm, gestern mit Pilgram und Pipitz. Die Wiener Zeitung verkündet die Creirung von fünf verantwortlichen Ministerien: des Aeusseren und des Hauses, des Innern, der Finanzen, der Justiz und des Kriegs. Auch Ungarn bekommt ein unabhängiges, verantwortliches Ministerium. Sedlnitzky, Apponyi, Bürgermeister Czapka sind entlassen. Unsere Zeitungen haben ein ganz anderes Gesicht; Kaiser Josef's Statue ist bekränzt mit Immortellen und trägt eine weisse Fahne. Die Leute reden freimüthig von Politik. Alles ist wie ein Traum.

Gestern ging C. Pillersdorf mit mehreren Beamten der Hofkanzlei als gemeiner Nationalgardist mit der Muskete über den Kohlmarkt, bei der Polizeidirection standen Dessauer und Mosenthal Schildwache; Hofrath Radda bei der Hofapotheke; über den Graben begegnete ich einer Compagnie mit Trommel und Fahne, worunter Pratobevera, Salzberg, Zepharowich und viele andere Bekannte. Als die Nachricht von der bewilligten Constitution auf die Universität kam, commandirte man zum Gebet und alle Studenten beugten das Knie. In unserem Expedit war's wie eine Kaserne, sogar Pilat Sohn mit Säbel. Als heute der Kaiser mit der Kaiserin ausfuhr, war das Schreien so gross, dass Pfusterschmidt von einer Strassenecke das Volk bat, es möchte nicht so schreien, der Kaiser fühle sich zu angegriffen. Einer sagte es dem anderen, da entstand Todtenstille und nur mit Blicken wurde er begrüsst.

Adieu, liebster Bruder — ain-ça? Was sagst Du zu alledem? Wir sind alle wohl, doch höre ich noch immer Tag und Nacht im Kopfe trommeln und schreien.

Jean.

. . . .
. . . .

Der Freudenrausch war bald verflüchtigt und neue Schwierigkeiten tauchten auf. Mähren, hiess es, wolle die constituirende Versammlung nicht beschicken, ein Slaventag zu Prag ward ausgeschrieben. Rath- und Thatlosigkeit herrschten.

„Hier sehen die Sachen noch immer traurig genug aus," schreibt Vesque am 10. Mai an einen Freund, „Pressfreiheit und kein Pressgesetz, Arbeiterhetzereien, Scandale in der Aula — und eine wahre Impotenz in der Leitung von oben. Die schmähliche Art, wie man Fiquelmont wegjagte, wirst Du aus den Zeitungen ersehen. Der Mann hat auch mir kein Vertrauen eingeflösst, dessenungeachtet war die Verletzung seines Hausrechtes eine Büberei; auch sind wir jetzt in der angenehmen Lage, ganz ohne Minister des Aeussern zu sein, so dass unsere wichtigen Verhandlungen mit England ganz unterbrochen sind. In Folge der Fiquelmont'schen Katzenmusik musste ich eine Nacht mit meiner Compagnie patrouilliren; auch exerciren muss ich im Stadtgraben täglich früh."

Die gemüthliche Anarchie, die, wie Vesque schreibt, seit fünf Monaten Staatsform geworden war, dauerte fort, und die Wahl des Erzherzogs Johann zum Reichsverweser gab wohl zu ungeheueren Jubeldemonstrationen und Fackelzügen Anlass, konnte aber nur durch die fernere Wendung der Dinge ihre eigentliche Bedeutung erhalten.

Zu dieser Zeit machte Vesque die Bekanntschaft Richard Wagner's, wie er seinem Bruder am 24. Juli aus Penzing bei Wien berichtet: „Der Kapellmeister Richard Wagner aus Dresden speiste mit Fischhof bei uns; er ist ein sehr geistreicher Mensch und trug uns einen gut gearbeiteten Plan zur Reorganisirung des Theaters in Wien vor, worüber wir eine Zusammenkunft mit Frankl, Prechtler, Becher etc. hatten. Leider ist noch keine Zeit, an's Theater zu denken."

Inzwischen hielt der Arbeiterkampf im Prater; das (von Vesque freudig begrüsste) Grundentlastungspatent, durch welches der bäuerliche Besitz vom Unterthanverbande befreit wurde; die Ermordung des Kriegsministers Graf Latour; die Belagerung und Einnahme Wien's die Gemüther immer auf's neue in Spannung, ohne ein trostreiches Ende herbeizuführen.

„Eben richte ich mir Papier und Feder, um Dir zu schreiben, da kommt Dein Brief als ein Beweis Deiner bewährten Freundschaft," lautet ein Brief Vesque's an einen Freund vom 17. November 1848. „Ich hatte mit dem meinen bis heute gezögert, theils aus Abspannung und Trübsinn, theils weil ich Dich nicht zu Hause glaubte.

„Also so weit sind wir mit unseren Errungenschaften gekommen, dass wir uns glücklich schätzen müssen, um den Preis verbrannter Häuser, zerstörter Gas- und Wasserleitungen und zusammengeschossener Wiener von der Schreckensherrschaft der Dummköpfe und Schurken erlöst zu sein! Der Himmel gebe, dass jetzt ein tüchtiges Ministerium seine Aufgabe verstehe! Auch wolle er den freilich spärlichen Capacitäten im Reichstage Kraft und Licht verleihen, damit der vorwärts komme mit dem was noth thut. Wien sieht trübe aus, kein Adel, keine Equipagen, Brandstätten, zerbrochene Fenster, loses Pflaster, traurige oder grimmige Gesichter; denn leider herrscht „bei dem Volke" noch ein sehr böser Geist, wie ihn die Schandpresse und die Wähler hervorriefen; die Vorstädter besonders, dann die Penzinger, Sechshäusler u. s. w. sind ganz radical, knirschen über Windischgrätz und meinen, es sei ihnen unrecht geschehen. Das Blut Robert Blum's schreit nach Rache, sagte mir gestern ein sonst tüchtiger Künstler. Und jenes des Latour? frug ich. — Das war Gottes Gericht! antwortete er. Dass man unter solchen Narren nicht existiren kann, wirst Du wohl begreifen: ich habe mich auch ganz auf den lieben Kreis meiner Familie zurückgezogen. Dieser ist es übrigens während der Schreckenszeit gut ergangen. Penzing war zwar keineswegs ein ruhiger Ort; Jellačič hatte dort seinen linken Flügel (Opuliner Grenzer) und da gab es Nachts Angriffe von Seite der Sechshäusler, Sturmläuten, Gewehrsalven u. s. w. Da nun dieses den kleinen Kindern nicht zuträglich erschien, — denn wir mussten des Nachts aufstehen und uns auf Feuersbrunst oder Plünderung gefasst machen — so schickte ich Frau nebst Kindern nach Pressbaum, in einem ruhigen Thale, eine Meile von Purkersdorf, wo sie in dem Hause eines Wiener Capitalisten leidliche Unterkunft fanden, und drei Wochen bis zur Uebergabe Wien's blieben. Ich war einstweilen allein in Penzing, um das Haus zu hüten und sah Einiges von den Militärbewegungen auf der Schmölz: die Kanonenkugeln flogen bis zu meinem Garten."

. . . .

Gegen Ende des Jahres, mit Errichtung des neuen Ministeriums Schwarzenberg, Stadion, Bach, von dessen Programm in bestimmter, offener Sprache sich Vesque viel erwartet hat, hob sich auch in ihm der Glaube an den Stern Oesterreichs von neuem und „wenn der uns nicht verlässt", meinte er, „kann noch ein herrliches Gebäude entstehen."

„Die Stimmung zwar ist in den unteren Volksschichten hier noch sehr schlecht," schreibt er dem Freunde unterm 28. December 1848. „In unglaublicher Verblendung und Unreife herrscht neben grossem Misstrauen gegen die Dynastie eine warme Sympathie für Kossuth. Wie die Narren so ihre eigenen Feinde sein können, und sich durch den Abfall Ungarns die Donau und den Einfluss nach Osten nebst so vielen handgreiflichen Vortheilen gerne vor der Nase wegnehmen lassen wollen, ist gar zu stupid und lässt sich nur durch die bedauerliche Verdummung erklären, in der das alte System das Volk zu erhalten gesucht. Hoffen wir, dass die Machthaber mit Einsicht und Kraft die ihnen zugefallene Aufgabe lösen, und in der Zwischenzeit in den unteren Schichten die Erkenntniss des Wahren erwache.

„Von meiner Schwiegermutter in Veszprim erhielt ich seit Monaten nur einen einzigen Brief in sehr vorsichtigen lakonischen Ausdrücken; er war mit dem Siegel des Obergespans und der Formel „elküldhetö" (abschickbar) versehen. Schöne Kossuth'sche Freiheit!"

IX.

Durch die Stürme des Jahres 1848 erschüttert, war das Conservatorium in Wien gänzlich in Verfall gerathen. Die Regierung, sowie viele der Mitglieder zahlten die Beiträge nicht mehr, Unterricht und Concerte wurden eingestellt. Da traten einige Kunstfreunde, Vesque, Fischhof, Frankl, Sonnleithner, Riedl, zusammen, um mit vereinten Kräften für die Reconstruirung des Institutes zu wirken. Vesque trug sein Anliegen persönlich an höchster Stelle vor und scheute keine Bemühung, bis am 1. October 1851, durch neue Beiträge und neue Lehrkräfte unterstützt, das Conservatorium wieder eröffnet werden konnte. Vesque war es, der als Erster in einem Aufsatze in der Beilage der Wiener Zeitung vom 26. October 1850 „Ueber die Gründung eines österreichischen Conservatoriums von Staatswegen" nachdrücklich seine Stimme erhob, um darzuthun, dass „der Staat" es sei, der als „Repräsentant des Bleibenden im Wechsel" allein berufen und befähigt sei, das Conservatorium der Musik zu gründen und für die Erhaltung der echten Tonkunst zu sorgen. Vesque arbeitete die Statuten des Kunstinstitutes um, in Folge dessen nicht mehr Dilettanten, sondern Künstler die Leiter sein sollten, und das Conservatorium eine höhere Bildungsanstalt ward. Schon früher hatte Vesque seinen Eifer der Hebung der Wiener Musikzustände gewidmet. 1839 hatte er, als Directionsmitglied der Gesellschaft der Musikfreunde, im Verein mit Sonnleithner, Klemm u. a. auf eigene Kosten die Aufführung des in Wien noch unbekannten Oratoriums Paulus veranlasst und durch viele Jahre die sogenannten „Musikfeste" in der kaiserlichen Winterreitschule geleitet. In den 50er Jahren versah er, trotz seiner amtlichen Ueberbürdung, die Stelle eines Vicepräsidenten der Gesellschaft der Musikfreunde mit regem Interesse.

Auch die sociale Stellung des Künstlers und des Gelehrten beschäftigt Vesque und wiederholt legt er eine Lanze für sie ein; so unter anderem in seinen „Aphorismen" über die Studien in Oesterreich:

„Der Lehr- und Gelehrtenstand ist in Oesterreich nicht genug geachtet. Gelehrte und Professoren geniessen als solche durchaus keiner Auszeichnung in der Gesellschaft. Der Staat verleiht zwar ausgezeichneten Professoren Titel, ja selbst Orden, doch ist dies nicht hinlänglich, um dem gelehrten Stande die so lange ihm versagte höhere Achtung zu verschaffen. In anderen Staaten sind grosse Gelehrte und Künstler hoffähig. Auch in Oesterreich sollten solche Männer bei Hof in ihrer Eigenschaft als Notabilitäten Zutritt haben.

„Jedenfalls hätte Fürst Metternich, Graf Mittrovsky einen eigenen Salontag für Gelehrte und Künstler zu halten; hierdurch würden letztere praktischer für's Leben und die Gesellschaft, äusserlich geschliffener und innerlich ermuthigt."

Während Bestrebungen dieser Art Vesque's Thätigkeit in Athem hielten, war er der Bühne fern geblieben. Er suchte lange vergeblich nach einem passenden Operntext und componirte inzwischen ein Quartett nebst einer ansehnlichen Liederzahl. 1849 schien ihm in dem bekannten französischen Vaudeville: „Turial, le pendu" das Rechte gefunden.

Sofort übersetzte er dasselbe und reichte das musikalisch skizzirte Textbuch, das mit einer im Scherz fingirten Vorbereitung zum Henken schliesst, bei der Operndirection ein. Der Intendant Holbein erliess darauf folgende Antwort:

Geehrter Herr Hofrath!

Die hiemit zurückerfolgende Operette ist allerliebst; nur muss, staunen Sie nicht, — das Hängen wegbleiben — weil es a) in Wien eine furchtbare Erinnerung hervorruft, b) den Scherz des Königs zu einer Grausamkeit macht und c) einen Giftschwamm in das Bouquet des Scherzes bindet.

Statt: Der Gehenkte heisse die Oper „Die Festung".

Der Jude sei lebenslänglich auf die Festung verbannt, der König spreche am Schlusse über Turial ein gleiches Urtheil und sage am Schlusse: die Festung heisse — Katharina.

Die Erhebung des Pächters zum Herzog scheint mir ebenfalls zu hoch. Wahrscheinlicher und darum auch wirksamer wird das

Ganze, wenn er ihn zum Edelmann und Besitzer des Schlosses erhebt.

Es thut mir leid, nicht selbst die Bearbeitung übernehmen zu können. Jedenfalls bitte ich, mir das Concept davon zur Durchsicht zu senden, die Vollendung möglichst zu beeilen und bei der Composition auf nachstehende Besetzung zu reflectiren:

Der Pächter — Leitner
Pächterin — Hellwig
König — Reichart
Randolph — Radl
Robinson — Just.
Statt des Chores nur sechs Cavaliere.

Hochachtungsvoll
20. Juni 1849. Holbein.

Unter Mosenthal's kundiger Hand entstand aus dem „Gehenkten": „Das Abenteuer Karl's II.", dessen Erfolg vom Tage seiner ersten Aufführung an (in Wien, 11. Januar 1850) eine entschiedene Sache war. Die Operette stieg von Wiederholung zu Wiederhölung in der Gunst des Publicums. Sie war viermal gegeben worden, als am 25. Januar die Blätter meldeten, dass Frl. Hellwig, die reizende Darstellerin der Katharina, die durch ihre graziöse Laune und Anmuth entzückte, sich von der Bühne zurückziehe, um dem Dr. von Vivenot ihre Hand zu reichen. Erst im April 1850, am Faschingssonntag, konnte das Abenteuer Karl's II. mit Frl. Karoline Pruckner wieder aufgenommen werden; von ihr ging 1852 die Rolle der Katharina auf Frl. Krall, dann auf Frl. Schwarzbach über. — Wo immer das Abenteuer Karl's II. gegeben wurde, in Berlin, Leipzig, Dresden, Wiesbaden, Weimar fand es die beifälligste Aufnahme und alle Recensionen stimmen betreffs seines Kunstwertes überein. — Der damals jugendliche Hanslick schrieb darüber in der „Ostdeutschen Post" vom 15. Jänner 1850: „So gut als in der verflossenen Woche wird es einem musikalischen Chronisten nicht so bald wieder werden. Eine wirklich gute Oper und ein wirklich gutes Concert folgten einander, zwei Kunstgenüsse, bei welchen die warme Theilnahme wieder in das Herz des Musikers einzog, das so lange verurtheilt war, sich von kalter Bewunderung zu nähren.

„Der Titel der neuen Oper ist: „Ein Abenteuer König Karl's II.". Text nach dem Französischen von Mosenthal, Musik von J. Hoven. Die einactige Operette wurde zum erstenmale am 11. d. M. im

Hofoperntheater gegeben und zwar vor einem Ballet. Eine Bühne, welche das Ballet als selbständigen Kunstzweig (nicht bloss zur Ausschmückung der Oper) cultivirt, braucht ein Repertoire von kleinen Opern und Singspielen, mit welchen sie den Theaterabend, der von dem Ballet nie ganz ausgefüllt wird und auch nicht werden soll, ergänzt.

„Dies Repertoire nun war „nächst dem Kärnthnerthore" höchst armselig. Einige Singspiele, an deren Spässen sich unsere Grosseltern ergötzt hatten, wurden mit allzuviel Pietät den Enkeln allwöchentlich aufgetischt, und als man in neuester Zeit mit deren Wiederholungen das Mass des zu Wagenden erschöpft glaubte, begnügte man sich, die Ballette lediglich mit Ouverturen zu „Fra Diavolo", „Gazza ladra" u. dgl. einzuleiten. Eine neue Operette war demnach dringendes Bedürfniss, und wir halten es für einen der glücklichsten Gedanken der Direction, dass sie sich deshalb an Hoven wandte, der durch viele humoristische Lieder, sowie durch Episodenrollen seiner ernsten Opern (— man denke an den köstlichen Mandarin in der „Turandot" —) eine bedeutende Begabung für Darstellung des Komischen in der Musik bewies. Hoven's neues Werk darf aber ein viel höheres Lob ansprechen, als das der Befriedigung eines praktischen Bedürfnisses unserer Bühne, — es hat selbständigen, vollgiltigen Kunstwert. In kleinem Rahmen führen Dichter und Componist uns ein ländliches Genrebild vor, in welchem königliche Verliebtheit und bäurische Eifersucht, weibliche Anmuth und dorfrichterliche Lächerlichkeit zu einem Gesammteffect geordnet sind, der durch seine Anspruchslosigkeit nur noch reizender wird. Der junge König Karl — das ist in kurzem die Fabel der Operette — geräth bei Gelegenheit einer Jagd in das Haus des Pächters Turial. Zu seiner freudigen Ueberraschung erkennt er in der hübschen Pächterin eine Modistin aus London, der er früher seine zärtlichen Bemühungen zugewandt. Auch Katharina erkennt augenblicklich ihren königlichen Galan, und erregt dadurch die vollste Eifersucht ihres Mannes. Turial wünscht nichts sehnlicher, als den fremden Störenfried schnell aus dem Hause zu haben, trägt sich dem König selbst als Wegweiser durch den Wald an und ruht nicht, als bis dieser sich wirklich mit ihm auf den Weg macht. Um vollends sicher zu sein, bewegt er den Sherif Robinson durch die Zusage zweier wöchentlicher Freitische sich in einem Kasten zu verbergen und aus dem Versteck die Pächterin, während seiner (Turial's) Abwesenheit zu beobachten.

Karl folgt jedoch dem Pächter nur zum Schein, er weiss im
Dunkel des Waldes sich von seiner Seite zu schleichen und eilt
nach dem Hause seiner Sehnsucht zurück. Er findet Katharinen
und spricht ihr von seiner Liebe, — ein Geräusch, das von dem
horchenden Sherif herrührt, erschreckt die beiden, der König
schwört jeden Lauscher am Leben zu strafen, den er entdecken
würde! Dies ist für den keineswegs heldenmüthigen Mann im
Kasten genug, um schnell und geräuschlos zu entschlüpfen. Katharina
antwortet auf Karl's Werbung nur mit Versicherungen der Freundschaft und Ergebenheit, ihre Liebe gehöre für alle Zeit dem
Gatten. Wenn dieser Gatte nur nicht so unfreundlich wäre, gerade
zurückzukehren. Schon hört man seinen schweren Tritt in der
Hausflur, — für den König ist keine andere Hilfe, als unverweilt
von dem Kasten Besitz zu nehmen, welchem der Diener der Ge-
rechtigkeit eben entsprungen. Turial tritt ein und schickt seine
Frau fort, um den vermeintlichen Sherif aus seiner Haft zu be-
freien. Man kann sich seine Wuth denken, als er den fremden
Ritter darin findet, der ihm im Walde den Possen gespielt, zurück-
zulaufen, und zwar — zu Katharinen! Entschlossen holt Turial
seinen Carabiner von der Wand, ladet ihn und will auf Karl eindringen. Dieser glaubt sich durch die Erklärung zu schützen, er
sei der König. Auf den eifersüchtigen Pächter macht dies wenig
Eindruck; nur dann wolle er sich zur Ruhe begeben, wenn der
Fremde sich dadurch wirklich als König erweise, dass er ihm das
erledigte Lehen von Kornwall verleihe. Katharinen im Herzen und
den Carabiner vor den Augen entschliesst sich der König schnell,
dem Pächter Leben und Adelstand schriftlich zu versprechen. Der
Pächter jubelt und schwelgt in den Herrlichkeiten, die ihm seine
Phantasie nun vormalt. Doch nicht so schnell soll er sein Glück
erlangen. Der König hat für den allzugroben Ehemann eine kleine
Strafe vorbereitet. Wehklagend treten die Landleute in den Pachthof
ein, ihnen folgen die Gerichtspersonen. Unter den trauerver-
kündenden Klängen eines Todtenmarsches proclamirt der Sherif
das Urtheil, der Pächter Turial sei wegen Majestätsbeleidigung
zum Tode durch das Beil verurtheilt. Dem Unglücklichen, der in
diesem Ende nur die Erfüllung einer früheren Prophezeiung erkennt,
werden die Augen verbunden, und während er von den Umstehenden
Abschied nimmt, der Herzogshut und Mantel umgehängt. Nachdem
der König glaubt, es sei genug der Todesangst, lässt er dem
Gefolterten die Binde abnehmen, der sich nun plötzlich in den

Vollgenuss seines Glücks versetzt sieht. Der König aber scheidet mit freundlichen Worten von den guten Leuten, in deren Mitte er ein so unerwartetes und anziehendes Abenteuer bestanden.

„Dies von Mosenthal sehr gewandt bearbeitete Libretto hat in Hoven einen gewissenhafteren und freigebigeren Componisten gefunden, als sie so kleinem Stoffe sonst zu Theil werden. Ein echter Künstler und deutscher Künstler, hat Hoven mit durchaus dramatischer Treue die mitgetheilte Fabel nachgedichtet, und ihr durch seine Musik ein Leben eingehaucht, das die Theilnahme des Zuhörers augenblicklich erweckt und bis zum Schlusse erhält. Dass eine scharfe musikalische Charakteristik der handelnden Personen nicht ausführbar ist, muss aus dem mitgetheilten Libretto erkannt werden, welches frische, aber keineswegs originelle Persönlichkeiten beschäftigt; dennoch hat der Componist dieselben (von der Hauptperson Turial bis zur Episodenfigur des Sherif herab) durch zahlreiche feine Züge geistreich individualisirt und aus der Allgemeinheit blosser Gattungsfiguren, wie wir sie in der Spieloper leider so häufig finden, vollkommen kenntlich hervorgearbeitet. Viel mehr jedoch konnte der Componist für die Charakterisirung der Situationen thun, und hat darin namentlich in der Scene, wo Turial den Porter credenzt und sich immer tiefer in seine Eifersucht hineinarbeitet, Treffliches gezeigt. Ebenso ist das geschäftige Hereinstürzen Robinson's, das „Lebewohl" des Königs, Turial's bedrängtes: „Ihr seid mein Freund, nicht wahr", Robinson's Flucht aus dem Kasten, das melodramatische Anklingen der Prophezeiung während der Hinrichtungsscene und viele andere wertvolle Beispiele echt dramatischer Auffassung.

„In rein musikalischer Hinsicht wären vollends zahlreiche Stellen mit besonderem Lobe hervorzuheben, wenn hier der Ort zu einer solchen, wohl für eine Musikzeitung passende Zergliederung, wäre. Von den schönen Melodien der Oper finden sich die schönsten in dem grossen Duette Karl's mit Katharina, nach diesem möchten wir dem Andantino im ersten Duett: „In London in der grossen Stadt", dann den beiden Solonummern Katharina's (Romanze in G-moll und Cavatine in As-dur) die zartesten Motive zuerkennen; von den komischen Nummern hat Turial's Arie in D: „Ein Lehen, ein Lehen" vorzügliche Frische. Die Aufnahme der Oper war eine sehr günstige und gewiss wird sie sich in der Gunst des Publicums in dem Masse fester setzen, als dieses in wiederholten Vorstellungen die vielen Feinheiten des rein musikalischen Theils näher kennen lernen wird. Jedenfalls nimmt Hoven's „Abenteuer Karl's II." in dem sehr vernachlässigten Felde der Operette einen vorzüglichen Platz ein, und wird ohne Zweifel, da sie nebst den künstlerischen auch allen praktischen Anforderungen in hohem Grad entspricht, bald ein Gemeingut der deutschen Opernbühnen werden.

Die Aufführung der Operette war im Allgemeinen zufriedenstellend. Fräulein Hellwig, die Beneficiantin des Abends, war in Spiel und Gesang voll liebenswürdiger Munterkeit. Der „Pächter Turial" ist unbedingt die beste Leistung, die wir von Herrn Hölzl kennen, namentlich sang er das schwierige Allegro molto: „Ein Leben, ein Lehen" ($^6/_8$ Takt, auf jedes Achtel eine Silbe) sehr wirksam und deutlich, Herr Reichart hatte einige recht gelungene mezza-voce-Stellen, im Ganzen gereichte er der Partie des Königs Karl nicht zum Vortheil, da ihm das wichtigste Erfordernis eines ersten Sängers, Wohlklang und Kraft der Stimme fehlt. Herr Just und Herr Koch gaben die Nebenrollen lobenswert, ebenso war das Orchester unter Esser's Leitung tadellos."

Ueber die Aufführung in Weimar schreibt Liszt:

Weymar, 20 avril 1850.

Mon très honoré ami!

Je n'ai que d'agréables nouvelles à vous donner aujourd'hui, et le plaisir que je me suis réservé de vous rendre compte de la réussite de votre opéra à Weymar, ne fait que continuer celui que j'ai éprouvé à en diriger les répétitions et la représentation. L'aventure de Charles II. ne s'est point changée en mésaventure sur notre théatre; loin de là, elle a été accueillie avec la plus légitime sympathie, par la cour et la ville. Représentée pour la première fois le jour de la fête de S. A. Madame la Grande Duchesse héréditaire, votre partition s'est trouvée bien et dûment écoutée, applaudie et appréciée. Nul doute qu'il n'en soit de même partout où on prendra le soin de la représenter convenablement, ce qui, soit dit en passant et encore à votre louange, peut se pratiquer assez aisément. Pour ici, je me plais à vous en assurer, vous n'avez pas lieu d'être mal satisfait de votre personnel. Un chanteur de talent et de goût que vous-avez peut-être connu à Vienne comme Dillettante Mr. Milde remplissait le rôle de Turial, et une très jolie Bavaroise, Mlle. Fastlinger passablement en train d'apprendre à bien chanter, celui de Catharine. Quant à Charles II.

il a été rendu d'une manière satisfaisante par Schneider, der nichts verschneidert hat, et l'ensemble a parfaitement marché d'un bout à l'autre.

Toutefois pour remplir in extenso ma tâche d'historiographe, je dois vous dire que je me suis laissé dire que plusieurs individus (sans individualité) appartenant à cette catégorie de cuistres, repartie presqu'en égale proportion dans toutes les villes petites ou grandes, se ménageaient quelques réserves dans l'approbation qu'ils consentiraient à donner à votre ouvrage du haut de leur impuissance érudite.

Ils exigéraient volontiers qu'un ouvrage en un acte contienne au moins plusieurs finals tels que celui de „Don Juan" ou de „Guillaume Tell", plus ou moins quelques Duos du 4ᵐᵉ Acte des „Huguenots" et surtout quelques ensembles fugués dans le genre du Paulus etc. Avec cette sorte de critiques, qui ne sont pas précisement les délicats dont parle le bonhomme Lafontaine et „que rien ne saurait satisfaire" mais tout simplement de grossiers envieux personnages qui ne peuvent satisfaire à rien, il n'y a vraiment ni lieu ni moyen de discuter ex professo et le meilleur parti encore à prendre c'est de sourire en toute civilité à leurs coups d'un tranchant fort emoussé, lesquels se réduisent d'ordinaire à des coups de bec . . . . dans l'encre.

Au surplus (toujours pour continuer ma tâche, très consciencieusement) la conclusion si amusante et si véridique de votre Charles II. „Hoch dem König! Nieder mit den Puritanern!" en provoquant les applaudissements du Public a choqué les susceptibilités des démocrates écarlates toujours fort enclins aux susceptibilités comme chacun sait! Que faire à ce malheur, si ce n'est de s'en consoler paisiblement en maintenant, ainsi que nous comptons bien le faire, un ouvrage bien réussi au répertoire?

Pour ma part d'ami et de musicien j'ai à vous complimenter particulièrement sur le Quatuor „Wie pocht mein Herz!" „Die Wangen brennen" et les Numeros 5 et 6 (Cavatine de Catharine et Duo de Charles avec Catharina).

Ces morceaux me charment par la grâce et la distinction de leur expression. En outre il y a beaucoup d'entrain et d'esprit dans la manière dont la partie récitative est traitée, et les divers morceaux se développent et s'enjambent à merveille.

Après un échantillon aussi satisfaisant de votre savoir faire comme compositeur dramatique permettez-moi de vous engager vivement à ne point perdre de temps en chansons et à vous mettre au plutôt en continuant la même veine, qui me parait vous offrir les meilleures chances de succès (vû surtout la quasi impossibilité d'une réussite valable et complète d'un opéra séria Allemand en Allemagne . . . . . en citerait-on jusqu'à trois depuis trente années? je ne le crois pas), — de vous mettre au plus tôt dis-je à l'oeuvre d'un opéra mezzo carattere en 2 ou 3 actes. — Gardez-vous surtout d'un libretto ennuyeux, du genre de ceux que les bons amis offrent ou conseillent de choisir en mainte circonstance. Pour peu que vous vous voyez bien servi par votre poète, vous n'avez pas à vous inquièter de la musique autrement qu'en l'écrivant telle que vous êtes capable de l'écrire. Le reste c'est à dire le succès, et un succès de bon aloi et même de bon rapport, ne vous manquera pas et se fera nécessairement de soi-même.

Pardonnez-moi, mon cher ami, de me donner ainsi vis-à-vis de vous quasi des airs de conseiller. Ce n'est guère un métier conseillable d'habitude et je ne songe nullement à m'en mêler; mais quand on se trouve par hazard et exception causer avec un homme qui a le bon goût de joindre à un véritable talent un très bon sens, on se laisse naturellement aller à deviser de choses et d'autres, — à bientôt donc votre prochain opéra, que je me ferai un double plaisir de faire exécuter de notre mieux à Weymar.

En attendant ne comptez-vous pas faire graver Charles II.? En supposant même par improbabilité, que les éditeurs de Vienne, ne vous offriraient pas les conditions désirables, ne songeriez-vous pas à Leipzig?

Si par hazard je pouvais en cette occurrence vous être bon à quelque chose, veuillez bien, je vous prie, ainsi qu'en toute autre, disposer de moi, comme de votre

tout affectionné et devoué
Franz Liszt.

X.

Ein Jahr später lag ein neues Bühnenwerk vollendet vor: „Der lustige Rath", komische Oper in zwei Aufzügen, Text frei nach dem Französischen von Mosenthal.

Die projectirte Aufführung in Wien wurde zuerst wegen des vorwaltenden Interesses am Ballet verschoben, dann, als der Tenorist Wild die Bühne verliess, aufgehoben.

In Weimar war die erste Aufführung des „lustigen Rathes" für den Ostermontag 1852 zur Feier des Geburtstages des Erbgrossherzogs angesagt. Die Intendanz forderte Vesque auf, sich zu derselben nach Weimar zu begeben. Der Urlaub war ertheilt, als durch den plötzlichen Tod des Minister-Präsidenten Fürsten Schwarzenberg, den man, vom Schlag gerührt, in seinem Arbeitscabinet gefunden hat, Vesque's Abreise vereitelt wurde. Um so eingehender berichtete Liszt an denselben über Aufnahme und Aufführung des lustigen Rathes.

Mercredi 14 avril 1852.

Bonnes nouvelles, cher ami — votre ouvrage a parfaitement réussi et le méritant bien je puis vous l'assurer. La première représentation du „Lustigen Rath" a eu lieu le lundi de Pâques, 12 avril et la seconde le lendemain 13 —

Un mal d'yeux assez prononcé pour m'obliger de garder la chambre pendant plusieurs jours et mettre des sangsues, m'a bien à regret privé du plaisir de diriger ces deux premières représentations, et ce n'est même qu'à la seconde, celle d'hier que j'ai pu y assister dans un fond de loge suffisamment obscur! Le grand deuil qu'a pris notre Cour à la mort de madame la Duchesse Bernard, devait naturellement empêcher les membres de la famille granducale de se rendre au théatre; mais cette circonstance du reste ne sera point fâcheuse pour le „lustige Rath", car sans nul doute la cour désirera le voir plus tard et ce sera une bonne occasion de rentrée pour l'ouvrage.

Si vous m'y autorisez je vous ferai occasionnellement quelques observations de détail sur plusieurs points d'instrumentation et d'amélioration qu'on pourrait à mon sens assez aisément introduire dans cette partition. — Pour aujourd'hui je me borne à vous adresser mes très sincères complimens sur l'ensemble et à vous informer du satisfaisant résultat de succès que votre oeuvre a obtenu ici, et continuera d'obtenir partout, car les qualités que vous y avez montrées, — le bon goût, l'élégance dans le naturel, l'accentuation mesurée et spirituelle de caractère et des sentiments etc. — sont de celles qui sont saisies et applaudies partout. —

La mise en scène et les costumes ont été soignés. Au lever du rideau au second acte, mes yeux encore affaiblis ont été éblouis par près d'une centaine de bougies dans la salle du Palais de Ferrare (luxe entièrement inusité à notre théâtre) et chose phénoménale pour Weymar où le corps de ballet pourrait être rangé dans le département — des hospices plutôt que dans celui des menus plaisirs. — Le ballet du „lustigen Rath" dont on n'a claqué qu'une faible partie a cause du nombre très restreint de nos spécimens de danseurs et danseuses avait fort bonne tournure.

Je crois vous avoir déjà dit à l'occasion de votre aventure de Charles II. qu'à cause du petit nombre des représentations d'opéra à Weymar (une fois par semaine d'ordinaire) et vû notre public très limité qui ne s'étend guère au delà de quelques cinq à 600 personnes il est hors d'exemple qu'un ouvrage ait plus de 2 à trois représentations dans le courant d'une saison théâtrale. „Tannhäuser et Lohengrin" qui sont les ouvrages qui ont obtenu le plus éclatant succès ici n'ont pas dépassé ce chiffre — ainsi en fixant à trois pour cette année celles du „lustigen Rath" vous voyez que je compte sur un succès définitif et je crois superflu d'ajouter que je m'emploierai de la meilleure sorte à entretenir ce succès.

Par rapport à Härtel, je crois que le mieux sera que je l'avise de la 3me représentation du „lustigen Rath" en le priant de se rendre à Weymar. — D'ici là j'aurai noté aussi les observations qui me restent à faire sur votre partition (elles ne portent que sur des points de détail' comme retranchement de trombones dans plusieurs morceaux du premier acte, changement de la petite „flûte" — qui n'est pas toujours d'un bon effet à l'octave de la „flûte" — tierces ou 6ᵗᵉˢ au lieu d'unisons dans les figures des instruments à vent — opportunité d'ajouter par ci, par là quelques dessins nécessaires qui feraient mieux ressortir la mélodie principale comme aussi de relever plus vigoureusement par une coda plus développée que je vous indiquerai la péroraison de l'ouverture et peut-être aussi le très heureux morceau d'ensemble „Ob man — Was man — Wie man" — du second acte.) Ce sont des riens que tout cela, mais dont vous ferez quelque chose si vous voulez bien en tenir compte. — Enfin je le répète, vous avez tout lieu d'être satisfait de votre ouvrage qui peut prétendre justement à un succès supérieur à celui qu'a obtenu l'aventure de Charles II. Le sentiment, le style et la facture en sont excellents — mais à cause de cela même je vous engage sérieusement à en parachever les détails avec le soin et la mesure distinguée qui convient, afin d'assurer, au lustigen Rath| la durée qu'il mérite. Aussitôt que la 3ᵐᵉ représentation sera fixée je vous en préviendrai. — S'il vous était possible de vous rendre ici soit à ce moment, soit plus tard pendant vos vacances d'été vous me feriez un très véritable plaisir et nous causerions bien plus à l'aise, mais je ne veux, pas insister davantage là-dessus comptant un peu sur votre amitié et quelque heureux hazard pour nous rapprocher davantage.

Recevez je vous prie, l'expression des sentiments les plus sincérement distingués

de
Votre très affectionné et dévoué

Franz Liszt.

23 mai 1852.

Je réponds de suite cher ami, à vos bonnes lignes, et vous prie d'excuser le silence que j'ai gardé après la 3ᵐᵉ représentation de votre ouvrage, laquelle a encore mieux réussie que les précedentes. J'en avais repris la direction et plusieurs morceaux du Iᵉʳ et du II acte, dont j'avais pris différemment les mouvemens, ont été plus goûtés, et plus applaudis qu'auparavant. Vous pouvez donc être entièrement rassuré sur le bon sort de votre „Lustige Rath" qui a un excellent avenir devant lui, j'en suis persuadé et ne pas vous gêner d'éconduire avec la politesse convenable ceux de vos „amis" qui essaient charitablement d'infirmer le fait très patent du bon succès de votre opéra en les engageant simplement à se rendre en personne aux représentations subséquentes de l'ouvrage, car heureusement il est à prévoir que la bienveillance innée à cette sorte d'amis trouvera maigre chère à faire en cette circonstance.

Voici plus d'une semaine que je comptais vous envoyer les quelques indications que vous m'avez permis de faire sur votre partition, mais j'ai été tellement affairé et préoccupé ces jours derniers, qu'il m'a été impossible de gagner quelques heures de liberté. Dès demain je m'y mettrai et vous enverrai ces feuilles par Haslinger auquel je vous serais fort obligé de faire savoir qu'il recevra plusieurs manuscrits de moi dans 8 ou 10 jours au plus tard.

Ces lignes ne sont qu'en attendant les feuilles que je me ferai le plaisir de vous écrire, et que je soumettrai très modestement à votre approbation.

Encore mille pardons de mes retards et négligences et
Bien tout à vous de cordiale et dévouée affection

Franz Liszt.

Ettersburg, 14 juillet 1852.

Heureux voyage, cher ami, et deux mots seulement aujourd'hui.

De quelque manière que vous m'envoyiez votre partition du „lustigen Rath" elle me sera la bienvenue; cependant je crois presque superflu de la faire copier en entier de nouveau. Il suffira de remplacer les feuilles changées, d'effacer avec la gomme élastique les notes au crayon, et de faire une nouvelle reliure. Si du reste vous en jugiez autrement, veuillez suivre en ceci la loi de votre bon plaisir qui est d'ordinaire la meilleure en matière d'art.

De mon côté sans pouvoir vous promettre un honoraire californique, je tâcherai cependant de le faire monter au plus haut pour que vous ne vous trouviez pas en *dommages* tandis que nous progresserions en *intérêts*.

Durant mon court séjour à Brunswick lors du Musikfest, j'ai entendu Mad. Marra dans la „fille du régiment" et l'idée m'est venue que vous feriez bien de la faire engager pour les 3 premières représentations du „lustige Rath" à Vienne.

Elle est je crois disponible en ce moment et s'acquitterait bien de ce rôle.

J'ignore ses antécédens à Vienne et si cette combinaison que je vous propose est possible; ainsi il me semble qu'en l'absence d'une prima Donna suffisamment assoluta au théâtre du Kärntnerthor vous auriez l'avantage à confier le rôle de „Fioretta" à une cantatrice qui le ferait valoir. Les quelques frais en surplus que cela entrainerait ne seraient pas un obstacle à prendre en considération, car un succès décidé à Vienne, tel que votre ouvrage peut le prétendre, est d'une importance majeure pour vous comme pour l'administration. Voyez donc de quelle façon vous pourrez arranger les choses pour le mieux.

Adieu, cher ami, envoyez moi bientôt votre partition que je suis fort désireux de revoir et que je compte faire donner plusieurs fois l'hiver prochain et comptez bien sur moi à toujours comme
Votre sincèrement affectionné et dévoué

Franz Liszt.

Weymar, 23 sept. 1852.

Je suis charmé de voir que vous-avez accueilli obligeamment les quelques observations que je m'étais permis de vous faire, cher ami, et vais mettre de juste à la copie les changements introduits dans votre partition que je viens de parcourir. Vous pouvez vraiment avoir toute confiance, je vous le répète dans le succès de cet ouvrage, car il vous a réussi au mieux. Ne connaissant Madame Marra que par la rencontre très fugitive que j'en ai faite au Musikfest de Brunswick, vous m'excuserez de la sotte idée que je vous ai communiquée à son sujet dans ma dernière lettre.

Je ne vous l'ai nommée qu'en vue de l'avantage qu'il y a pour vous de ne pas compromettre légèrement le succès de votre opéra en vous contentant du personnel défectueux qu'on pouvait momentanément mettre à votre disposition. Mademoiselle Wildauer ou Mad. Köster valent évidemment beaucoup mieux. Si je ne me trompe j'ai eu occasion de parler à cette dernière du „lustigen Rath" et de lui dire qu'elle serait fort à son avantage dans le rôle de „Fioretta".

Le cor anglais doit se mettre en devoir d'emboucher l'ut dièse sans penser à se rendre indigne de la nationalité Britannique et de n'être qu'un âne sans patrie mais en tout cas l'Alto avec sourdine sera d'un excellent effet dans l'Andante de l'ouverture; il faudra seulement lui recommander de jouer cette cantilène quasi forte afin qu'on l'entende distinctement.

Pour les trombones nous ne nous querellerons pas, et on les laissera ad libitum. Mon purisme à cet égard est d'ailleurs d'assez fraiche date et je ne voudrais pas m'en targuer, quoique dans les ouvrages semi-seria je maintienne ma protestation contre l'emploi des cuivres tel qu'il est usité depuis une vingtaines d'années.

La première moitié de notre saison théâtrale sera remplie par le Faust (avec les nouveaux récitatifs) de Spohr, Lohengrin, Benvenuto Cellini (Berlioz viendra me voir ici le 15 novembre) et le Fliegenden Holländer qui sera donné pour la fête de S. A. Madame la grande Duchesse 16 février 1853. Entre le Cellini et le Holländer je pense qu'on reprendra votre Rath et au plutôt après cette représentation je vous ferai parvenir l'honoraire d'auteur, auquel vous avez droit.

Avant-hier j'ai rencontré à la cour Walter Goethe avec lequel nous avons beaucoup causé de vous. Il compte passer quelques mois ici et probablement nous nous verrons plus souvent que par le passé. Jusqu'ici ce jeune homme avait gardé vis-à-vis de moi une sorte de rhume d'amour propre qui devient gênant pour les relations cordiales.

David vient de donner un joli opéra comique à Leipzig „Hans Wacht". Il m'en a montré la partition il y a 6 semaines, mais j'ai été empêché d'assister à la 1ière représentation ainsi que je me l'étais promis. Plusieurs personnes d'ici qui y ont été m'ont dit qu'il avait parfaitement réussi ce qui ne m'a pas surpris. J'irai m'assurer de cette non-surprise en allant à Leipzig après demain.

N'écriviez-vous pas à Dingelstedt pour lui proposer votre „lustige Rath"? je lui en ai touché deux mots dans une dernière lettre. Gustav Schmidt (Kapellmeister à Frankfort) est également très disposé à donner votre opéra et Schindelmesser de Wiesbaden; je suis persuadé qu'il suffirait d'un billet de vous pour mettre la chose en train.

Si pas avant, je vous prie de me donner immédiatement après la représentation de Weymar des nouvelles de notre très bon ami en deux actes, auquel on peut sans se hazarder faire le meilleur pronostic, et dont le plein succès sera un grand plaisir

à votre très affectionné et dévoué
F. Liszt.

Weymar, 26 février 1853.
Cher ami!

Je viens vous recommander très particulièrement M. de Bülow, qui est un pianiste vraiment remarquable, et d'un intellect richement doué et cultivé.

Il vous intéressera de le connaitre et je réclame pour lui bienveillance et bons procédés de la part de mes amis, avec la certitude qu'il saura la mériter et y répondre en homme comme il faut. Il vous parlera aussi de quelques circonstances accessoires qui font qu'en ce moment je ne puis pas m'occuper de votre opéra. C'est une triste chose que la patience; qui le sent mieux que moi? . . . . mais hélas! il faut s'en approvisionner. En somme je ne regrette pas beaucoup pour vous que le lustige Rath ne soit pas donné cet hiver à Vienne, car il me semble qu'un précédent comme „Indra" ne pouvait guère vous être favorable et mieux vaut enfin de compte arriver un peu plus tard avec de bonnes chances, que plus tôt avec des chances contraires. Du reste plus j'observe et plus je m'aperçois que le succès ou l'insuccès de la plûpart des opéras est en quelque sorte dans l'air — — et soumis à toute sorte de conditions qu'on ne peut déterminer.

Pour ma part sans doute je ne suis pas tenté de me soumettre à cet état de chose, et protesterai activement tant que je vivrai contre les us et coutumes établis à la honte de l'art par l'immense majorité de nos grands et petits théâtres.

Mille remercimens et amitiés

et tout à vous
Franz Liszt.

Weymar, 9 october 1854.

J'accepte avec empressement, mon très honoré ami, un cadet d'aussi bonne famille que la vôtre et m'emploierai bien volontiers à lui rendre son séjour de Weymar le plus agréable qu'il se pourra. Veuillez donc bien me faire parvenir le libretto et la partition*) quand vous n'en aurez plus besoin à Vienne. Mr. Beaulieu que vous connaissez déjà par correspondance est de nouveau Intendant de notre théâtre. Je lui parlerai de votre nouvel ouvrage dès que

---

*) „Lips Tullian" oder „Die Ente". Text von Mosenthal, Vesque's letzte Oper.

j'en aurai reçu la partition et je présume que la représentation ne souffrira ni difficulté ni retard chez nous. Ce nous sera même une bonne occasion de reprendre le „lustige Rath" ce dont il a été plusieurs fois question. Les parties d'orchestre et de chant devant être recopiées à neuf dans plusieurs endroits par suite de changements que vous avez faits et notre Perrin étant très occupé par l'étude de quelques ouvrages nouveaux représentés ces deux dernières années on a laissé dormir bien contre mon gré le „lustige Rath" dans les cartons; mais le moment est venu de le réveiller, et si de votre côté vous avez l'obligeance d'écrire directement quelques lignes à M. le Baron de Beaulieu Marconnay, je ne doute pas qu'on ne se mette prochainement en mesure de remonter le „lustige Rath" et en même temps de donner le „Lips Tullian" ou le Canard — j'imagine que vous en aurez découpé une douzaine d'aiguillettes en guise de charmants morceaux de musique dont nous serons fort affriandés.

Cette lettre, mon cher ami, vous sera remise par M. Marchesi que je vous recommande comme quelqu'un que j'affectionne et que j'estime. Marchesi est un des meilleurs élèves de Garcia (avec lequel il est lié d'amitié); c'est assez vous dire qu'il sait ce que c'est que chanter, chose qui n'inquiète guère beaucoup de nos chanteurs! Sa voix de baryton est fort étendue, d'un timbre charmant et sympathique. De plus, durant les quelques jours qu'il a passé à Weymar il y a deux ans, j'ai appris à connaître en lui un homme de bonne compagnie, animé des meilleurs sentiments et très recommandable de tous points. Soyez assez bon pour lui témoigner quelqu'intérêt et lui faciliter les abords du monde de Vienne. Sa femme (Mlle. Grauman) est déjà placée comme professeur de chant au conservatoire ce qui m'a fait croire que Marchesi s'établira complètement à Vienne où il rencontrera aisément de bonnes chances de réussite, et qu'il s'y fera apprécier et reconnaître comme il le mérite.

J'attends prochainement de vos nouvelles avec le livret et la partition du Canard — et vous prie, mon très honoré ami, de toujours disposer de votre très sincèrement

affectionné et devoué
F. Liszt.

Löwenberg, 3 mai 1853
chez S. A. le Prince Hohenzollern.

Mon très honoré ami!

Mille sincères remercimens de la part bienveillante que vous prenez à l'honneur qui vient de m'être accordé. Autant qu'il dépend de moi je tâcherai d'y faire honneur aussi, et certaines qualités de fer ne sont pas étrangères à la trempe de mon caractère, d'après ce qui m'a été dit quelque fois.

Au point où en est parvenu le concert européen il n'y a guère lieu de songer à la musique. Plusieurs de mes amis laissent là leur contrepoint harmonique et ceignent l'épée pour contrepointes d'une autre façon. — Bronsart par exemple l'auteur der „musikalischen Pflichten" qui part pour s'enrôler dans le régiment commandé par son père à Luxembourg. Nos bataillons de Weymar sont en marche pour Mayence, et le royal compositeur de „Diane de Solange" ne se bornera certainement pas à ne composer que des marches.

„Que sera ce que de nous?" pourvu que chacun fasse son devoir, tout ira pour le mieux!

Je suis entièrement de votre avis sur le mérite du „Paradis perdu" de Rubinstein que j'estime comme son meilleur ouvrage. Malheureusement le sujet impliquait un écueil impossible à tourner, celui de recomposer une grande partie de la création de Haydn! Or si en peinture et en sculpture il est parfaitement admis de traiter indéfinement les mêmes sujets (madones, St** familles, Pietà etc.) les moeurs n'accordent pas la même liberté au musicien, et dame critique, cette vieille sage femme (peu sage souvent) qui accouche les réputations, se scandalise aisément en pareilles rencontres.

En outre je fais à Rubinstein le reproche d'avoir un peu „verphilistert" Adam et Eve et de n'avoir pas trouvé le ton correspondant à l'admirable poésie de Milton dans ce Duo. Ce nonobstant son ouvrage n'est pas moins un des plus remarquables qu'on ait produits en ce genre depuis une quinzaine d'années.

Soyez assez bon pour me rappeler respectueusement au souvenir de Madame de Vesque, et recevez, mon très honoré ami l'expression de mes sentimens aussi sincèrement distingués qu'affectueusement dévoués
Franz Liszt.

27 Avril 1857.

Votre manuscrit m'est tout-à-fait le bien venu, mon très honoré ami. En l'examinant je le trouve parfait et irréprochable et je vous remercie de me l'avoir envoyé d'abord de préférence à Hallberger (auquel je vais l'adresser de suite en lui recommandant de ne pas trop en retarder la publication), car avec le plaisir de sa primeur m'est venu aussi celui de votre lettre.

Je vous sais grand gré d'avoir bien voulu écouter avec attention et bienveillance les quelques compositions de ma reprouvée façon qu'on a exécutées dernièrement à Vienne et vous avoue sans trop de peine que je ne suis pas gâté sous ce rapport par beaucoup de mes anciens amis qui d'ordinaire me répètent tacitement par leur mine et leur embarras le syllogisme irréfragable que la haute et la basse critique est inventée pour mettre l'embargo sur mes ouvrages tels quels!

„Alle Zukunfts-Musik ist dummes Zeug; Liszt treibt Zukunfts-Musik; ergo kann er nur dummes Zeug schreiben."

Pour ma part je n'ai d'autre réponse à faire à une argumentation aussi victorieuse que de continuer mon chemin tranquillement jusqu'au bout en recidivant incessament et même avec agravation! Les „Préludes" ne sont dans le véritable sens du mot qu'une entrée en matière et j'imagine que malgré la virulence de la grêle qui tombe sur mon champ, elle n'empêchera aucunement, ma moisson de lever et de prospérer.

En attendant je n'ai d'autre soin à prendre que celui de faire, en laissant aux autres le plaisir de dire comme bon leur semble.

Une très longue incommodité qui me retient encore au lit m'a fort gêné dans mon travail cet hiver; mais j'espère en être bientôt entièrement quitte. Vers la mi Mai j'irai à Aix la Chapelle pour y diriger le Musikfest à la Pentecôte, et probablement nous aurons aussi en septembre une exhibition musicale à Weymar, lors du jubilé de Charles Auguste à quelle occasion on inaugura le magnifique groupe sculpté par Rietschel, de Schiller et Goethe. Dingelstedt qui vient d'être nommé Intendant de notre théâtre prépare un Festspiel pour le 3 septembre et entrera en fonction de suite après.

Encore mille remercimens mon très honoré ami de votre manuscrit et de vos lignes qui m'ont fait grand plaisir et tout à vous

F. Liszt.

Gleichsam als der Schlussstein von Vesque's productivem künstlerischen Wirken stellt sich „die Heimkehr", eine Sammlung von 88 Liedern aus Heine's Reisebildern, dar, welche im Jahre 1851 in der Wiener Staatsdruckerei erschienen ist.

Diese „Heimkehr", theilweise aus verschiedenen, bereits früher veröffentlichten *opus*, zur grösseren Hälfte aber aus neuen Zugaben bestehend, vergleicht Walther v. Göthe in einem Aufsatze (der Beilage der Wiener Zeitung vom 21. Mai 1851) mit einem Kästchen voll trefflicher Gemmen.

Nachdem er in der „Lorelei", in dem „Seejungfern-Gesang" „mit dem eigenthümlichen Wellenschlag des $^6/_4$ Taktes", in dem wehmuthsvollen „Im Traum sah ich die Geliebte", in dem ironisch-übermüthigen „Nachbar" Don Henriquez, alte Bekannte begrüsst, fährt Walther von Göthe fort:

„Wie ausgezeichnet neben der südlichen Melodik Hoven das Deklamatorische zu gestalten weiss, zeigen neuerdings die in so ergreifender Weise gebrachten „vergifteten Thränen", sowie das schmerzliche: „Man glaubt, dass ich mich gräme", während „Mein Kind wir waren Kinder" auf andere Weise entzückt. — Was aber an den vorliegenden Gesängen besonders anzieht, und gewiss die grösste Beachtung verdient, ist der richtige, stets dem Gedichte selbst entlehnte Färbungshauch, welcher auch aus dem kürzesten dieser Lieder uns entgegenströmt. Nur wahrhaft künstlerische Intelligenz vermag in einem poetischen Impromptu wie: „diesen liebenswürdigen Jüngling" oder „Ich hab' Euch im besten Juli verlassen" musikalisch irgend einen Anhalt zu entdecken; und doch sind gerade die Genannten wahre kleine Meisterstücke.

„Der tolle Faun, der extatische Bacchante, die holde Eos, dem Meere entsteigend, die Gruppe der sich umschlingenden Grazien, — oder Parzen bieten uns gleichen Genuss, wie verschieden auch die Empfindung sein mag, die das Betrachten solcher wechselnder Gestalten in uns hervorruft. So, ja gerade so wirken diese Tongebilde fröhlichen Weinens, lachender Schmerzen! Meister Hoven brachte uns eine herrliche Gabe, wir dürfen nicht unterlassen, sie zu würdigen."

Vesque erhielt in Anerkennung seiner Verdienste, für die „Heimkehr" die goldene Medaille für Kunst und Wissenschaft. Nicht minder wertvoll mochte für ihn der folgende Brief Heine's sein, der ihm vom Siechbette aus einen Freundesgruss zurief:

Paris, rue d'Amsterdam 50, den 22. Juni 1851.
Hochgeehrter Herr! Ich hätte Ihnen längst den Empfang Ihrer musikalischen Zusendung angezeigt und den gebürenden Dank dafür abgestattet, wenn ich nicht die Absicht gehegt hätte, Ihnen etwas mehr als eine banale Höflichkeit zu erweisen.

Ich wollte Ihnen über Ihre schönen Productionen, die mir von allen Seiten so sehr gerühmt worden, meine eigenen Empfindungen mittheilen, und ich hatte mich zu diesem Behufe schon um ein Fortepiano und einen Sänger umgesehen, der sie mir vortragen sollte. Aber wegen zunehmendem Uebelbefinden musste dieses aufgeschoben werden, und als ich vor einigen Tagen das Piano kommen liess, merkte ich zu meinem Schrecken, dass es in meinem Krankenzimmer keinen Platz finden kann. Ich muss Ihnen hier gestehen, damit Sie diese Misère begreifen, dass ich mich seit drei Jahren in eine sehr enge Wohnung zurückgezogen, um das Deficit der Februar-Errungenschaften auszumerzen, dass ich seitdem in dieser engen Wohnung keine drei Noten Musik gehört habe und also von der Musik sehr entfernt lebe. Ich bin aber im Begriffe, meine grössere Landwohnung zu beziehen, und da werde ich in meinem Schlafzimmer, das ich nie verlassen kann, mir Ihre Compositionen vortragen lassen. Ich liebe die Musik sehr, aber ich habe selten das Glück, gute Musik zu hören oder gar meine eigenen poetischen Schöpfungen durch Musik unterstützt zu sehen.

Von den ausserordentlich vielen Compositionen meiner Lieder sind mir während den zwanzig Jahren, die ich in Frankreich lebe, nur sehr wenige, vielleicht kaum ein halbes Dutzend, zu Ohren gekommen. Ich habe sie vielleicht in hiesigen Soiréen singen gehört, ohne zu wissen, dass es Compositionen meiner eigenen Lieder gewesen, sintemalen die Uebersetzer, die französischen Paroliers, sie unter ihrem eigenen Namen herausgeben. Ich habe mal ein Singspiel geschrieben, welches durch Zufall verbrannt ist; für Josef Klein, den Bruder des verstorbenen Bernhard Klein, schrieb ich eine Oper, die derselbe componirte, aber mit sammt meinem Texte später verloren hat. In jüngster Zeit schrieb ich für das Theater der Königin in London eine Ballet-Pantomime, die vielleicht eine meiner besten Erzeugnisse, und die durch ihre musikalischen Motive einem guten Componisten zu den grössten Hervorbringungen anregen könnte; aber einer kleinlichen Cabale des *Chef de Ballet* wegen musste mein Werk im Carton des Impresarios bleiben, wo es alt und grau werden mag.

Mein Freund Heinrich Laube machte mir Hoffnung, den deutschen Text in Berlin oder zu Wien bei den dortigen Theatern anbringen zu können; er scheiterte jedoch zu Berlin, wo ich meines Preussenhasses wegen nicht sonderlich geliebt bin, und in Wien, wo ich mich besser empfohlen glaubte, fand er den insolentesten Widerstand bei dem Intendanten der Oper, den er mir als einen Herrn von Holbein nannte; der Name ist mir so bekannt und ich muss ihn gewiss schon einmal an irgend einem deutschen Pranger gelesen haben.

Mein deutsches Ballet-Manuscript ist jetzt zu Wien in Händen meines Bruders Gustav Heine, der Ihnen, wenn Sie sich durch Ihr Talent oder auch nur durch Ihren Einfluss dafür interessiren wollen, das Manuscript zur Ansicht mittheilen soll, wie sich von selbst versteht unter Versprechen der gehörigen Discretion. Sie werden sich jedenfalls alsdann überzeugen, dass ich ein Werk geliefert habe, welches nicht verloren gehen kann, obgleich es dem Hauptzweck des armen Dichters, dem weltlichen Erwerb, nicht entsprochen haben wird, da meine Tage gezählt sind und zwar äusserst knapp. Ich wiederhole Ihnen, mein Herr, dass es mir äusserst leid ist, Ihnen für Ihre freundliche Zusendung vorderhand nur danken zu können, doch habe ich Ihnen wenigstens einen Brief schreiben können, der etwas Besseres als eine gewöhnliche Höflichkeit, nämlich ein sympathetisches Vertrauen ausspricht. Ich bin mit solchen Briefen in meinem Leben nicht freigebig gewesen, und mein heutiges Schreiben mag Ihnen meine ausgezeichnete Hochschätzung bekunden. Empfangen Sie die Versicherung derselben und genehmigen Sie meine heiterste Begrüssung.

Heinrich Heine.

XI.

Nach dieser langen in künstlerische und amtliche Wirksamkeit getheilten Epoche trat die Musik allmählich in Vesque's Leben an zweite Stelle, um dem Juristen den Vortritt zu lassen. Die schöpferische Ader kam unter dem Einfluss manches Schicksalsschlages in's Stocken.

Der Verlust eines vielverheissenden Sohnes erschütterte Vesque auf's Tiefste und der, einige Monate darauf erfolgte Tod des ihm eng befreundeten genialen Humoristen Alexander Baumann vertiefte die noch unverharschte Wunde. Schon viele Freunde und Kunstgenossen seiner Jugend und schönsten Reifejahre waren dahingeschwunden oder lebten in der Ferne. Ein Gefühl der Vereinsamung, des heranschleichenden Alters überkam ihn.

In dieser Zeit legte Vesque sogar die Stelle eines Vice-Präsidenten des Vereines der Musikfreunde nieder. Um so fleissiger versenkte er sich in eine grosse juridische Arbeit.

Vesque's literarische Thätigkeit hatte bereits 1827 begonnen, in welchem Jahre seine „Darstellung der Literatur des österrreichischen allgemeinen bürgerlichen Gesetzbuches" erschien. Diesem Werke folgte 1833 die „Darstellung der Literatur des österreichischen Gesetzbuches über Verbrechen und schwere Polizei-Uebertretungen". Seine späteren selbständigen Werke gehören sämmtlich dem Gebiete des internationalen Rechtes, dem Hauptfelde seiner schriftstellerischen Thätigkeit an, auf welchem Gebiete er nicht bloss als Schriftsteller, sondern auch als praktischer Jurist die schönsten Erfolge und die nachhaltigsten Wirkungen erzielte.

Im Jahre 1842 erschien die „Gesetzliche Behandlung der Ausländer in Oesterreich". Nachdem Vesque 1847 in Wagner's Zeitschrift in einer Reihe von Publicationen sämmtliche seit dem Ausgange des

Mittelalters zwischen Oesterreich und den deutschen Bundesstaaten geschlossenen Verträge veröffentlicht hatte, welchen im J. 1848 die Darstellung der „Rechtsquellen des Civil- und des Strafrechtes in den deutschen Bundesstaaten" folgte, erschien 1854 die „Uebersicht der Verträge Oesterreichs mit den auswärtigen Staaten von dem Regierungsantritte Maria Theresia's angefangen bis auf die neueste Zeit." Eine zweite ergänzte Ausgabe dieses Werkes erschien 1868.

Dieses waren die Vorläufer seines im Jahre 1860 erschienenen Hauptwerkes „Handbuch des in Oesterreich geltenden internationalen Privatrechtes". Die einschneidende Umgestaltung der Justizgesetzgebung, welche zum grossen Theile durch die Aenderung des staatsrechtlichen Verhältnisses zwischen Oesterreich und Ungarn hervorgerufen wurde, bildete die nächste Veranlassung, dass Vesque sich nach seinem Scheiden aus dem Staatsdienste entschloss, eine neue, dem nunmehrigen Stande der Justizgesetzgebung in Oesterreich und Ungarn entsprechende Ausgabe dieses Werkes folgen zu lassen, das 1878 unter dem Titel: „Handbuch des in Oesterreich-Ungarn geltenden internationalen Privatrechtes mit besonderer. Berückrichtung des Staats- und Völkerrechtes" erschien.

Den ausserordentlichen Nutzen, den Vesque mit dieser grossen Arbeit, vornehmlich jenen Organen, welche zur Lösung von Fragen des internationalen Rechtes berufen sind, geschaffen hat, kann wohl nur derjenige richtig ermessen, der aus eigener Erfahrung die Schwierigkeiten kennt, welche in der Eigenthümlichkeit, sowie in der Mannigfaltigkeit der Quellen des internationalen Rechtes liegen.

Besonders muss noch Vesque's 1864 erschienenes Werk: „Das musikalische Autorrecht" hervorgehoben werden, eine Darstellung, zu welcher die Vereinigung einer seltenen musikalischen und juristischen Bildung ihn ganz vorzüglich befähigte. Diesem Werk ist eine besondere Anschaulichkeit der Darstellung eigen. Durch die Verbindung der juristischen Ausführungen mit einer reichen Auswahl musikalischer Beispiele ist dem Musiker das Verständniss der juridischen Deductionen wesentlich erleichtert und dem Juristen ein Einblick in die Eigenthümlichkeiten musikalischen Schaffens gewährt worden.

Ausser den angeführten selbständigen Werken veröffentlichte Vesque noch eine Reihe von Monographien, welche in Fachzeitschriften abgedruckt wurden.

Allen Publicationen Vesque's ist eigen, dass er sie nicht als Selbstzweck pflegte, sondern von dem Bestreben geleitet war durch seine angestrengte Thätigkeit einem practischen Zwecke zu dienen.

Mit dem Eintritt in sein 60. Jahr war in Vesque der Uebergang zum Greisenalter, im guten Sinne des Wortes, vollzogen. Es kam jene Jugend über ihn, wie sie den Künstlernaturen eigen ist, jene ewige Jugend, die der Falten und grauen Haare spottet, und über welcher die Wolken wie am herbstlichen Himmel, wenn sie auch drohend aufsteigen, doch nicht mehr wetternd niedergehen. „Mit Ruhe und Heiterkeit," lautet eine Tagebuchsbemerkung, „blicke ich auf ein grösstentheils glücklich zugebrachtes Leben zurück, ohne Leidenschaft und Begierde der Zukunft entgegensehend, zufrieden, wenn sie ohne Stürme ausdauert bis zum Augenblicke des Scheidens." Zwei Lieder, die er in jenen Tagen des Sommers 1863 componirte, waren so recht der Ausdruck seines Innern. Es waren Kerner's „60 Jahre":

„Immer wird mir todesbang,
Wenn ich überschlag',
Dass ich 60 Jahre lang
Meine Nase trag;

Dass schon 60 Jahre lang
Blut durch's Herz mir fliesst,
Und dies Herz, so eng und bang,
Nicht zersprungen ist;

Dass mein Kopf, obgleich ich oft
Mächtig ihn zerschellt,
Sechzig Jahr auf meinem Hals
Wie ein Thurmknopf hält:

Wenn ich jetzt zusammenbrech',
Klage nicht, mein Weib!
Aus Büffelhaut und Eisenblech
Besteht kein Menschenleib!"

und Chamisso's „Der Frühling ist kommen, die Erde erwacht" etc.

Neue Beziehungen künstlerischer und socialer Art hatten sich mittlerweile angesponnen. Im Kreise der von ihm so hochverehrten Frau Josefine von Wertheimstein, die eine zweite Generation berühmter Namen um sich versammelte, im Hause Todesco, wo u. a. auch Grillparzer allwöchentlich eintraf, fand Vesque's Geist wieder sein Element. Dort ist auch die durch Baumann's Tod aufgehobene

Verbindung der Baumannshöhle im November 1860 als „Gnomenhöhle" wieder erstanden („Gnomen" war schon die Bezeichnung der Mitglieder der Baumannshöhle gewesen). Vesque hat in der Gnomenhöhle die Redaction der Musikzeitung geführt und musikalische Räthsel und Humoristica sind zahlreich aus seiner Feder geflossen. Der Tod rief allmählich die besten Gnomen, Beckmann, Sichrovsky, Prof. Schuh ab; Alter und der zunehmende Ernst unter den übriggebliebenen Gnomen hat nach und nach zur Stagnation und 1874 zur endlichen Auflösung geführt.

Auch seine physischen Kräfte erprobte der Sechzigjährige noch einmal an einer Fusstour in die Tauern nach Heiligenblut über die Rauris nach Gastein. „Von Winklern an," schreibt er nach Hause, „wird die Gegend immer imposanter, und ich leugne nicht, dass, als es schon Abend geworden und wir in die von der Möll durchtoste enge Schlucht eindrangen, immer näher nach Heiligenblut und also dem „Grossglockner" entgegen ziehend, mir es ganz poetisch schauerlich zu Muthe wurde. Endlich, nach 8 Uhr, traten wir in den Kessel von Heiligenblut und das wohlbekannte Bild mit der spitzthürmigen Kirche stand vor mir; im Hintergrund ein grauer Riese in einen Nebelflor gehüllt, — das war der Grossglockner, wie er sich mir zuerst in seinem Schlafrocke vorzustellen für gut fand. Da wurde mir bange um's Herz, dass das Wetter schlecht würde und der Zweck der Reise vereitelt wäre! Wie ich nun vor dem Schlafengehen das Wetter recognosciren gehe und vor das Haus trete, da steht im reinsten Mondenschimmer ein feenhaft beleuchteter Koloss da, wie ein Zauberschloss, ohne ein Atom von Nebel oder Wolken. Den Anblick werde ich nie vergessen. Samstag den 1. August brach ich früh mit einem Führer auf, um die Pasterze, d. i. der Gletscher des Glockner zu besuchen. Wir gelangten über die „Elisabethruhe", den „Franz Josef-Sitz" bis zur Johannshütte. So etwas lässt sich nicht schildern. Ein Eismeer, auf dem der Grossglockner riesengross zwischen seinen Trabanten sich erhebt, Einem gerade vor der Nase, als wenn Du vom Schönbrunner Parterre die Gloriette betrachtest. Dazu ein so herrliches Wetter, dass selbst am Gletscher keine kalte Luft wehte, und wir über zwei Stunden dort behaglich sassen, in den Anblick versunken. Die Führer versicherten, eine so milde Luft, einen so wolkenlosen Himmel hätten sie im ganzen Jahr noch nicht dort gefunden. Sonntag den 2. August war der grosse Tag des Tauernüberganges. Mit meinem gestrigen, sehr sorgsamen Führer, Valentin

Fritz, stieg ich drei Stunden lang die Heiligenbluter Tauern, auch Hochthor genannt, hinan. Auf der höchsten Scharte angelangt, geht es dann links über das Fuscherthörl in die Ferleiten und rechts durch das Seitenwinkelthal in die Rauris hinab. Da ich schon dreimal in meinem Leben in der Ferleiten und Fusch gewesen, nie in der Rauris, so wählte ich den Weg in die letztere. Ich that dagegen auch gut daran, denn als ich von der Höhe in die Ferleiten blickte, sah es dort fürchterlich aus; alle Berge mit Nebelkappen, das Wiesbachhorn sogar mit einem schwarzen Donnerwetter auf dem Kopfe. Das Hinuntersteigen vom Hochthor in's Thal war höchst mühevoll über frischen und alten Schnee, Felsenlabyrinthe, Schotterrisse, abschüssige Platten u. s. w., über welche Hindernisse ich aber frohen Muthes mit meinem Führer Sieger blieb. Dessenungeachtet denke ich an diesen Erdwinkel mit Schauder; nicht aus Angst, die mich nicht einen Augenblick überfiel, sondern wegen der trostlosen Verlassenheit, der unaussprechlichen Wildniss dieser innern Tauernwelt, wo der Brennkogel seit 1000 Jahren in ungeheuern Rinnen verwittert und neben ihm eine wahre Wolfsschlucht rother, gelber, schwarzer Felsen in dämonischen Formen sich in in die Luft emporbaut, eine Gegend, wo jeder Luftzug leicht zum Sturme wird und der Sturm in Ungewitter und dieses in Schneegestöber umschlägt, und wo man selbst bei lichtem Tage in diesen kolossalen Räumen aufmerksam seinen Weg an den hie und da befindlichen Schneestangen, durch Gestrüpp von Alpenrosen suchen muss."

„Das Hinabklettern dauerte drei Stunden; das Gewitter vom Wiesbachhorn her schien uns Zeit lassen zu wollen, denn erst als wir in dem engen einsamen Seitenwinkelthale das Tauernhaus eine Viertelstunde vor uns erblickten, ging das Blitzen und der Donner los, von einem mässigen Regen begleitet." — — — — — —

In diese Zeit fällt eine ehrenvolle Aufgabe, welche Vesque zu erfüllen hatte und die als Abschluss derjenigen amtlichen Thätigkeit bezeichnet werden kann, die ihn bei Beginn seiner dienstlichen Laufbahn nach Turin geführt hatte. Er wurde als österreichischer Abgeordneter zu der deutschen Bundescommission nach Frankfurt a. M. entsendet, welche für Ausarbeitung eines gemeinsamen deutschen Gesetzes zum Schutze der Urheberrechte an literarischen Erzeugnissen und Werken der Kunst zusammentrat und als deren Präsident Vesque fungiren sollte.

Aus Frankfurt schreibt Vesque an seine Frau den 4. November 1863:

. . . .
. . . .

„Uebergehend nun auf meinen Frankfurter Séjour, so kann ich nur beklagen, dass es gerade im November sein muss. So lange die Sonne scheint und ich mich noch in der freien Natur ergehen kann, finde ich noch einige Kraft, das in der Tiefe meines Gemüthes sich regende Heimweh zurückzudrängen.

Wenn aber, wie jetzt, alle Tage der Herbstnebel rieselt, das Pflaster schmierig nass ist und der kalte Sturm das Herumgehen verwehrt, dann muss ich mich sehr zusammennehmen, um nicht ganz melancholisch zu werden, so ferne von Dir und den Kindern! An sich selbst hätte ich mich über meinen hiesigen Aufenthalt nicht zu beklagen. Das Hôtel de Russie, in dem ich wohne, ist ein prachtvoller Palast mitten auf der Zeil, mit Marmortreppe, Mosaik, Statuen etc. etc.

Um 7 Uhr früh lasse ich mich wecken, frühstücke und lese die Zeitungen, mit denen mich die Bundeskanzlei versieht.

Dreimal in der Woche ist Sitzung unserer Commission von 9½ Uhr bis 1 Uhr, worauf wir Abgeordnete gemeinschaftlich Table d'hôte essen im Weidenbusch oder im Hôtel d'Hollande. An den Tagen, wo keine Sitzung ist, gibt es allerhand an den Protokollen etc. zu arbeiten; dann flanire ich, wenn es das Wetter erlaubt. Besonders zieht es mich in den Thiergarten, wo mich schon alle Eulen, Geier und Adler kennen und ich mich um das Befinden der Martinchasseurs, von denen auch hier zwei komische Stücke existiren, erkundige. Ein sehr angenehmes Haus habe ich an Goldschmidt, Bruder der Madame Wiener, gefunden. Er ist ein höchst gebildeter Mensch und gegen mich voll Gefälligkeit. Seine schöne junge Frau ist eine Belgierin mit dem sittlichen Ernste und der Gastfreundschaft, welche den belgischen Hausfrauen eigen sind. Sie gaben schon zwei Diners mir zu Ehren; das eine mit dem belgischen Gesandten B. Beaulieu, dem Militär-Bevollmächtigten General Rzikovsky u. a. m.; das andere mit einigen Frankfurter Notabilitäten, darunter Herr Ladenburg (Bruder des Wiener Banquiers), der ein grosser Musikdilettant und Chef des hiesigen ersten Musikvereins ist. Von ihm erhielt ich bereits eine Karte für die grossen philharmonischen Concerte und einen Eintritt in den Bürgerverein. So war denn für Musik und Lectüre gesorgt. Dass mir die Goldschmidt'sche Loge täglich zur Disposition steht, glaube ich schon geschrieben zu haben. Auch Baron Kübeck schickt mir sehr oft seinen Logenschlüssel, dass ich damit die Honneurs gegenüber den Commissionsmitgliedern mache.

Der Luxus und Comfort ist hier überall ausserordentlich, leider auch die Theuerung und ich werde von allen Seiten gewarnt, ja keine Einkäufe in Frankfurt zu machen.

Den vorigen Sonntag brachte ich mit dem Hannoveraner Schow und dem Württemberger K.... in Homburg zu. Das Wetter war theilweise leidlich; die Gegend am Fuss des Taunus sehr lieblich, die Gartenanlagen und Säle grossartig, die Küche des Mr. Chevet exquisit, die Spielhölle aber mit confiscirten Gesichtern der Pointeurs und der Pariser Loretten wahrhaft ekelhaft.

18. November.

Der Winter ist in recht düsterer Gestalt hier eingebrochen. Wir hatten mehrere Tage Landregen, gestern Schnee. Heute ist es etwas heiterer, jedoch winterlich kalt. Dabei herrscht in Frankfurt ein furchtbarer Schmutz und Koth. So wird es einem auch im Gemüthe kalt und düster und es haben alle unsere Commissionsmitglieder mehr oder weniger Heimweh. Bei alledem gehen freilich die Tage unaufhaltsam vorwärts, da wir mit Fleiss und Eifer uns unserer Aufgabe hingeben, die jedenfalls eine sehr interessante ist. Sie nimmt insbesondere mich als Präsidenten der Commission so sehr in Anspruch, dass ich kaum Zeit finde, Dir zu schreiben, selbst wenn ich mehr Stoff hätte. Wir halten vier Sitzungen in der Woche, die um 9 Uhr früh beginnen und um 2 Uhr enden. Dann gibt es aber noch so viel zu redigiren und zu conferiren, dass die Zeit gerade noch für Essen, Besuche und Theater ausreicht.

Das gesellige Leben ist zwar im Vergleiche mit unserem Wien recht todt. Auf ein Diner folgt eine Reconnaissance-Visite; im übrigen empfangen die Frankfurter keine Gäste, denn sie sind zu viel mit der Politik oder mit der Börse beschäftigt. Montag war Grand Diner diplomatique bei Kübeck; gestern machte ich Musik en petit comité bei Ladenburg. Ich fand dort Mdm. Hochstädt, Schwester der Bagge, eine recht lebhafte Frau, die gut Clavier spielt und erwachsene Töchter hat, welche gleichfalls recht musikalisch sind. Ein grosses Instrumental-Concert fand im Museum statt, natürlich nicht zu vergleichen mit unseren philharmonischen. Das Theater ist nur erträglich, wenn eine Posse gegeben wird; die „Zauberflöte" und „Don Pasquale" waren unter der Kritik.

19. November.

Ueber mein hiesiges Leben will ich Dir noch einige Andeutungen mittheilen, mit Vorbehalt späterer mündlicher Ausführungen.

Ich habe an der Leitung der von mir präsidirten Commission ein tüchtiges Stück Arbeit, da es heisst, acht verschiedene Deutsche, begabt mit allen Eigenthümlichkeiten ihrer respectiven Volksstämme und von Natur aus bedeutende Persönlichkeiten, in Harmonie zu erhalten und zu praktischen Beschlüssen zu bestimmen. Da haben wir den bayrischen Abgeordneten Ministerialrath W..., ein blonder, kleiner, dicker Herr, dessen Backenbart in's Röthliche geht, und dem man den Bojer und Biertrinker auf den ersten Blick ansieht. Er spricht bei Tisch, auf den Spaziergängen und sonst wo immer nur vom Geschäft; — dies aber mit Geist und Gründlichkeit — war Bürgermeister von Würzburg und Vice-Präsident der bayrischen Kammer, geht nie in ein Theater oder in Gesellschaft, sondern um 7 Uhr abends in die Bavaria (eine Tabagie), wo im Genre des Münchner Hofbräues Erlanger Bier getrunken wird, von dem er 4 bis 6 Schoppen leert und worauf er schlafen geht.

Der sächsische Abgeordnete Dr. K..., geheimer Justizrath, ist ein alter, langer, hagerer, sehr gutmüthiger Mann, „chevalier de la triste figure," mag dem seligen Gellert gleichsehen, ist aber, ich weiss nicht wie, in das sächsische Justizministerium gekommen. denn wenn er auch dazu genug Pedant ist, so geht ihm doch der schlagfertige Verstand ab. Er ist das einzige arme Hascherl unter uns, der immer überstimmt und mit Achselzucken behandelt wird. Uebrigens ist er mit dem Sänger Schnorr von Karolsfeld verschwägert.

Der hannoveranische Regierungsrath Schow ist das belebende Princip der Commission, als Vermittler und Faiseur; Galopin und Intriguant; übrigens sehr tüchtig, Weltmann und Geschäftsmann zugleich, und für mich ein Trésor, da er als Cicerone und Entrepreneur von Ausflügen vorzüglich ist und der einzige, der nichts vom Professor oder Beamten an sich hat.

Der königlich württembergische Regierungsrath K.... ist der Typus des gemüthlichen Schwaben; der jüngste unter uns, 38 Jahre alt; prächtiger Jurist, summt oft mit wankender Bassstimme Studentenlieder und citirt dabei Uhland's „Singe, wem Gesang gegeben!" Er leidet übrigens, wie alle Schwaben in der Fremde, am prononcirten Heimweh, denn er hat zu Hause eine Frau, zwei Mädle und ein Büble, und da ischt es doch a schwere Sach', so lang zu bleibe zu Frankfurt und sich zu ennuyire! —

Jetzt kommt das Prachtstück unserer Commission, der baden'sche Ministerialrath Dr. Jolly, unstreitbar die hervorragendste Capacität, vortrefflicher Redner, gewandter Dialectiker, Mitglied der badischen Kammer, aber doctrinär; wie er denn selbst gesteht, es sei ihm mehr um saubere juristische Consequenz, als um praktische Bestimmungen zu thun; so will er denn z. B. gesetzlich erlauben, dass ein Componist auch das von einem Anderen gekaufte Opernlibretto ohne des letzteren Zustimmung in Musik setze, denn der begehe ja dadurch keinen Nachdruck im juristischen Sinne. Dazu ist Jolly im Herzen kleindeutsch, somit österreichisch-feindlich und preussenfreundlich. Da er aber bei alledem ein gescheiter Mensch ist, so komme ich mit ihm doch besser aus als mit dem obgenannten Sachsen.

Der grossherzoglich hessische geheime Rath Fr.... ist eine überaus liebenswürdige Persönlichkeit; ein klarer Denker, und ebenso bescheiden als tüchtig; der einzige von uns, der nach der Sitzung heimfährt nach dem eine $1/2$ Stunde entfernten Darmstadt, um Morgens darauf wieder zur Sitzung zu kommen.

Seit gestern haben wir auch einen kurfürstlich hessischen Abgeordneten in der Person des Oberappellations-Rathes M..... Der Kurfürst hat sich nämlich besonnen, jemanden herzuschicken, weil er dadurch in die Lage gekommen wäre, jemandem etwas Angenehmes zu erweisen. Darauf erklärte er, er werde Niemanden herschicken, das komme einem kleinen Lande wie Kurhessen zu theuer, und nachdem wir von dieser Erklärung Kenntniss erhalten hatten, schickte er besagten M.... Dieser ist ein langer, steifer, ernster Hesse mit einem echt deutschen Geheimraths- und Professorengesichte; scheint aber ein grundehrlicher und respectabler Mann zu sein und hat sich schon als guter Jurist gezeigt.

Der Abgeordnete der freien Stadt Frankfurt endlich ist der Senator von Oven (nicht Hoven), der zwar nicht wie ein römischer Senator aussieht, aber ein gründlicher Denker und Rechtsgelehrter ist. — Mit allen diesen Herren nun, mit Ausnahme Oven's, der sich in seine Behausung zurückzieht, bringe ich ausser den Sitzungen den grössten Theil der Zeit zu: beim Essen, Spazierengehen, Souper, und übe mich im Discutiren und Politisiren.

Mit der gepriesenen Geselligkeit Frankfurts sieht es eigentlich windig aus. Die Diplomatie besteht aus alten Herrn, die Abends gern früher schlafen gehen und nur zeitweilig einen Rout geben.

— Bei Kübeck ist der leidende Zustand der Frau ein Hinderniss.

Die Haute finance steckt den ganzen Tag im Comptoir oder auf der Börse; Abends sind sie müde und spielen höchstens eine Partie Whist, geben aber dann und wann grosse Ostentationsbälle. Ueberhaupt ist Frankfurt eine Stadt der Arbeit und des Geschäftes. Alles, von oben bis unten ist von Morgens bis Abends thätig; das ist ein grosses Lob für die Stadt, macht sie aber langweilig.

Man sieht keinen müssigen Menschen auf der Strasse, kaum einen Spaziergänger auf den Anlagen. Diese sind ein grosser Reiz Frankfurts mit ihren unzähligen Villen, die Winter und Sommer bewohnt sind. Doch sind die Anlagen, da das Terrain durchwegs eben ist, etwas monoton; ein anderes mag es freilich im Sommer sein, wenn alles blüht und grünt. Der November ist gar eine garstige Zeit! Dazu der „Dreck" in den Strassen!

Das Strassenkehren ist hier eine unbekannte Beschäftigung. Die Stadt macht freilich durchwegs den Eindruck solider Wohlhabenheit, aber wie man die Zeil oder die Anlagen verlässt und in die eigentliche innere Stadt tritt, so gibt es ein Gewirre furchtbar schmutziger Gassen, in denen sich Karren aller Art drängen und Arbeiter aller Sorten. Letztere bilden aber kein Proletariat, wie bei uns; es sind fleissige, höfliche Menschen.

Nie hört man ein lautes Wort, ein Gezänke; nie sieht man einen Betrunkenen. Selbst die berüchtigten Sachsenhäuser arbeiten tüchtig in der Woche und nehmen mit einem Trunk Wasser und einem Stück Speck vorlieb, und nur am Sonntag trinken sie 6—8 Mass Apfelwein, wo es denn freilich bisweilen zu Schlägereien kommt. Der Boden um Frankfurt ist herrlich cultivirt; unabsehbare Spargelfelder, Kohlstauden, welche jede Ausstellung zieren würden.

Die Leute sind so ernst und stille, dass nicht einmal die Fiaker ho! schreien, wenn sie den Fussgänger warnen wollen, sondern sie zischen ihm bloss ein gedehntes st! — zu, oder machen einen Peitschenknall. Uebrigens fährt auch Niemand schnell, weder Fiaker noch Equipage, die alle ein Gesicht von anno Eins an sich haben und vom Wiener Luxus sehr abstechen.

Seitdem ich Dir geschrieben, war noch ein Diner bei Goldschmidt, und eine musikalische Soirée bei Ladenburg; ferner ein Diner en petit Comité bei Kübeck und ein grosser diplomatischer Rout beim niederländischen Gesandten von Scherff. Heute ist Rout beim preussischen Gesandten von Sidow.

Am Leopoldstag dachte ich an Klosterneuburg; um meine elegische Stimmung zu zerstreuen, engagirte ich einige Abgeordnete mit mir nach Wiesbaden zu fahren. Es ist dies ein reizender Ort, mit schönen reinlichen Strassen, Parkanlagen, Kirchen, vorzüglich die russische Kapelle mit vergoldeten Kuppeln, gebaut zu Ehren der Herzogin von Nassau, einer gebornen kaiserlich russischen Prinzessin, welche, 19 Jahre alt, im ersten Wochenbette starb. Ihre herrliche Gestalt liegt aus carrarischem Marmor gemeisselt in der Kapelle, während darunter ihre wirklichen Glieder, weiss Gott, in welcher Gestalt! ruhen. Tags darauf, Montag, hatten wir ausnahmsweise Sitzung und da das Wetter nicht ganz schlecht war, fuhr ich mit Schow nach Mainz und war abermals von der unsäglichen Poesie, die der Rheinstrom erweckt, hoch ergriffen.

24. November.

Wir sind heute mit der ersten Durchberathung unseres Gesetzentwurfes fertig geworden. Die Zweite dürfte viel weniger Zeit in Anspruch nehmen; ist sie beendet, dann legen wir unsere Arbeit dem Bundestag vor und reisen heim. Wie die Sachen stehen, hoffen wir bis längstens 15. December abfahren zu können. Im Ganzen lebt es sich hier monoton und langweilig, es fehlt an Kunst- und Gemüthsleben. Ich habe hier noch Niemanden gefunden, männlichen oder weiblichen Geschlechtes, zu dem ich mich durch gegenseitige Sympathie gezogen gefühlt, in dessen Nähe ich mich heimisch gefühlt hätte. Die Frauen sind recht artig, aber doch immer etwas provinciell förmlich und interessiren sich um nichts, als um den gesellschaftlichen Tratsch ihres Kreises.

Ich meine nämlich die Frauen aus den diplomatischen und haute finance-Kreisen. Sie gehen in kein Concert, in keine Vorlesung, in kein Theater; — was soll ich da mit ihnen anfangen?

Die Männer aber thun vollends gar nichts, als auf der Börse handeln und politisiren. Der eigentliche Familienkreis bleibt dem Fremden verschlossen; Alles geschieht mittelst förmlicher Einladung und in conventionellen Formen — entweder Einladung oder zugemachte Thür. Es fehlt hier (und darüber beklagen sich auch unsere Gesandtschaftsmitglieder) es fehlt hier an jener anspruchslosen Gastfreundschaft, wie wir Süddeutsche sie so gewöhnt sind.

Donnerstag war grosse diplomatische Soirée beim preussischen Gesandten; Freitag grosses Concert des Museums, wobei die pastorale Symphonie von Beethoven, mehrere Chöre von Brahms mit Horn- und Harfenbegleitung und eine interessante Ouverture zu 1001 Nacht von Taubert gegeben wurde. Donnerstag am letzten Tag fuhren wir mehrere Commissionsmitglieder nach Hanau und dem damit verbundenen Wilhelmsbad und Philippsruh. Leider sind alle Wälder und Gärten entlaubt; der Mond schien aber magisch auf die seltsamen Formen der Hanauerkirche, nachdem die Sonne sich golden in den Main gesenkt. Meine Abende bringe ich im Theater oder Leseverein zu; am angenehmsten ist dann noch das gemüthliche Souper mit dem heitern und gutmüthigen Schwaben Kölle und dem hannoveranischen Abgeordneten Schow. Letzterer ist mir überhaupt hier der angenehmste Gesellschafter, nur dass er etwas viel politisirt, und als geborner Holsteiner, der sogar für seinen Patriotismus schon eingesperrt war, jetzt wegen der dänischen Frage ganz aufgeregt ist. Er ist aber der einzige von den Commissionsjuristen, der mein eigentliches Wesen versteht. Da er mich neulich jedes alterthümliche Gebäude mit Interesse betrachten sah und hörte, wie ich jeden Augenblick eine Melodie trällerte und dann bemerkte, wie ich von der in den Main tauchenden Sonne ergriffen war, sagte er zu mir: Herr Hofrath, Sie sind eine Künstlernatur! Der Mann hat es wohl getroffen! — Ja, diese Künstlernatur! — und doch will ich Gott danken, dass er mir sie verliehen, denn ihr verdanke ich meine Lebensfrische und ihr verdanke ich das Glück, dass Du mein geworden! — — — — —
— — — — — — — — — —

Als ich neulich das Gewitter in der Pastorale hörte, von Beethoven mit solcher Meisterschaft in Töne gebracht, da war es wieder unsäglich hell und erhaben in mir, wie ich während meines ganzen hiesigen Aufenthaltes nichts empfunden.

Gottes freie Natur aber ist sie mir nicht Genuss, Trost, Erhebung und wenn ich sie mit Dir geniessen kann, das Herrlichste auf der Welt? Wenn ich zurückdenke bis in die ersten Zeiten meiner Erinnerungen, ich kenne keine schönere Zeit als die zehn Tage, die ich heuer an Deiner Seite in Ebensee verlebte und ich hoffe, ähnliche Tage sollen sich noch recht viel im Herbste meines Lebens wiederholen; wir müssen eifrig dahin wirken, denn ich habe Eile, ein Jahr um das andere ist bald dahin!

Frankfurt, 1. December 1863.

Heute ist wegen Unwohlsein einiger Commissionsmitglieder keine Sitzung und da benütze ich die Zeit, um Dir zu schreiben. Ich fühle in mir Kerner's Lied lebendig; "Ruhe bei ihr".

„In diesen bangen Tagen
Was kann man Bess'res thun",

als wenn ich mein Denken an Dich zu Papier bringe? So ist es also December geworden; die letzten Blätter sind von den Bäumen gefallen — die schönen Vögel im Thiergarten sind in den Winterhäusern untergebracht. Eine graue Decke umhüllt heute den ganzen Himmel, und wenn sie morgen niedergeht, so wird es kein Regen, sondern Schnee, und ich weile noch immer in der Fremde? Uebrigens scheint es sich doch so zu gestalten, dass ich bis 15. von hier abfahren kann, wiewohl sich noch nichts Bestimmtes sagen lässt. Es tauchen bei den Berathungen noch allerhand Schwierigkeiten auf, die in der Natur der so complicirten deutschen Verhältnisse liegen; dazu fängt es im Schosse der Commission zu gähren an; dem Einen ist der Referent nicht recht, der Andere möchte in das Redactions-Comité gewählt worden sein und intriguirt und opponirt nun, weil dies nicht geschehen ist. Ich aber behandle das alles mit diplomatischer Ruhe und meine, wir werden bis 15. d. M. doch fertig werden.

Neulich bekam ich den „Elias" von Mendelssohn zu hören mit gutem Orchester und sehr guten Chören; auch der „Elias", ein Dilettant, Herr Hill, war nicht schlecht. Die anderen Soli aber mittelmässig, der Sopran gar die dicke Mademoiselle Hoffmann aus dem Kärnthnerthortheater, die jetzt hier als Madame Schäfer lebt. Ein anderes Concert war eine Quartett-Production, bei dem ein Wiener Straus, der auch in Wien quartettirte, der Primarius ist. Er spielt sehr correct und rein; Bratsche und Violoncell sind unseren Hellmesberger'schen Mitspielenden überlegen. Die Wahl der Stücke war sehr interessant; ein nachgelassenes Quartett von Schubert in B, ein geniales Quartett von Cherubini in Es und das grosse B-Quartett von Beethoven op. 130, bei dem eine Nummer schöner ist als die andere; bei der Romanze in Es musste ich mich zusammennehmen, um nicht zu weinen wie ein Kind. Welcher Schmerz hat Beethoven's Gemüth bewegt, um eine solche Elegie zu schreiben? Im Theater sah ich eine mittelmässige Vorstellung der Oper „Zampa", welche auch einer längst überwundenen Zeit angehört. In der diplomatischen Welt stockt das gesellschaftliche Leben ganz, dafür gährt das politische. Schleswig-Holstein, Schleswig-Holstein — man kann in Wien keinen Begriff haben von der Erschütterung, welche die dänische Geschichte in ganz Deutschland hervorgebracht und die hier am Sitze des Bundestages in gesteigertem Masse empfunden wird. Leider hat sie auch die alte Missstimmung gegen Oesterreich wieder angeregt — doch davon lieber mündlich. Morgen soll ich bei einem Souverän essen, nämlich es gibt der nach der Verfassung nun abtretende Bürgermeister von Frankfurt ein Festdiner. Ich trachte noch vor meiner Abreise die Merkwürdigkeiten Frankfurts genau kennen zu lernen. Heute war ich im „Römer" und besichtigte den alten Kaisersaal, hierauf Goethe's Vaterhaus im grossen Hirschgraben. Ich schrieb meinen Namen in ein Buch, das auf Goethe's Tisch liegt, in dem heiteren Zimmer im obersten Stockwerke, wo der Jüngling Goethe wohnte; ich war auch auf der Hausflur, wo zwischen Vater Goethe und dem Königslieutenant damals die Rencontre stattfand. Zur Completirung sah ich mir noch den Grabstein der Mama Goethe (Frau Rath) am alten protestantischen Kirchhof an.

7. December.

Endlich haben wir morgen die vorletzte und übermorgen die letzte unserer Sitzungen, dann muss ich noch drei bis vier Tage auf die Revision der aus der Druckerei kommenden Protokolle hier verwenden; dann aber setze ich mich gottlob in den Waggon und fahre heimwärts. Von dem, allen Commissionsmitgliedern gemeinsamen Wunsche beseelt, so bald als möglich mit unserer Aufgabe fertig zu werden, hielten wir beinahe alle Tage von 9 Uhr bis zur Essensstunde Sitzung, und dann wieder nach Tisch bis Abends; so konnten wir schon jetzt zu Ende gelangen. Inzwischen gab es noch allerlei andere Erlebnisse. Da war das grosse Festmahl des abtretenden regierenden Bürgermeisters Dr. Müller in den Sälen des russischen Hofes, wobei der gesammte Frankfurter Senat und das ganze diplomatische Corps an einem lucullischen

Mahle mit unglaublichen Gerichten schmauste, 18 verschiedene Gerichte ohne das Dessert und neun Sorten Weine. Man ging um 6 Uhr zu Tische und trennte sich um 9 Uhr, worauf ich zu Ladenburg fuhr, woselbst grande Soirée musicale war. Freitags darauf war wieder Museum-Concert. Es entspricht dies unseren Philharmoniques, wenn auch nicht in der Vortrefflichkeit der Execution, so doch in der soliden Wahl der Stücke. Diesmal gab man die Schumann'sche Symphonie in C-dur, das Es-dur-Concert Beethoven's für Clavier, gespielt von der aus Dresden eigens hiefür verschriebenen Frl. Hauffe, die Euryanthe-Ouverture u. s. w. Nach dem Concert gibt das Unternehmungs-Comité (reiche hiesige Kunstfreunde) den mitwirkenden Sommitäten immer ein Souper; diesmal wurde auch ich dazu geladen und lernte dabei viele Künstler und Dilettanten persönlich kennen. Der Musikidrector Müller, Dirigent dieser Museums-Concerte, eine tüchtige und echte Künstlernatur, erzählte mir im norddeutschen Dialect, sie hätten in Münster (Westphalen) meine Heine'schen Lieder gesungen und sich bei dem Choral: „Mensch bezahle deine Schulden" vor Lachen gewälzt. Da soll man doch nicht sagen, dass die Norddeutschen kalt-ernste Pedanten sind! Tags darauf, Samstag, gab Madame Hofstadt mir zu Ehren eine Soirée, wozu abermals eine Menge Kunstfreunde und Freundinnen geladen waren.

Es wurde recht gute Musik gemacht und ich erstaunte wirklich, als die bald 50jährige Frau vom Hause mit Kraft und Geist die grosse Kreutzer'sche Sonate Beethoven's, von Straus begleitet, producirte. Herr Hill, der neulich den „Elias" sang, trug Arien von Seb. Bach vor; ein schöner Choral von Mendelssohn wurde mehrstimmig vorgetragen. Das ältere Fräulein vom Hause sang meinen „Blumentrost"; dann kam ich mit den Heine's und erregte einen solchen Enthusiasmus, wie er im phlegmatischen Frankfurt — so wurde mir allseitig versichert — kaum je vorkommt.

Ich musste die goldenen Locken, den deutschen Professor, das bisschen Liebe, den Don Henriquez zweimal singen, ausserdem vielleicht noch ein Dutzend andere. Hübsch war es, dass in dieser Gesellschaft beinahe alle Herren und Damen (Senatoren und Doctoren-Coterie) singen konnten, so dass während des Soupers bald von diesen, bald von jenen eine Menge Quartette für Frauen- und Männerstimmen gesungen wurden.

Senator Bernus, ein Frankfurter Matador, dem unser Kaiser das Commandeurkreuz der eisernen Krone und ausnahmsweise den Freiherrnstand verliehen hat, führte mich in seiner Equipage nach Hause und lud mich gleich für den Tag darauf zu einer Soirée bei sich ein. Hier wurde nun auch gute Musik gemacht: Violin, Clavier, Damen- und Herrengesang; ein Vetter des Bernus, Dr. Spies, junger Mann mit gutem Tenor und einer sehr hübsch singenden Frau (geborene Mumb), sang mein „Scheiden und Meiden" und den „Lieblichen Verrath".

Im Theater war ich seitdem auch zweimal; im „Hans Heiling" und in den „Deutschen Komödianten", welch letztere sich in Frankfurt ebenso albern ausnehmen als in Wien.

Neulich zeigte man mir im Museums-Concert auch ein nicht weit von mir sitzendes hübsches blühendes Mädchen — es war die Tochter Felix Mendelssohn's, welche hier bei ihrer mütterlichen Grossmutter Madame Jeanrenaud lebt; Frl. Hauffe spielte eben in jenem Concerte, ausser dem Beethoven'schen Concerte, die Variations sérieuses von dem so früh geschiedenen Vater dieser vater- und mutterlosen Waise, welche gar aufmerksam zuhorchte. Heute war die Wahl des neuen regierenden Bürgermeisters für das Jahr 1864; sie traf das Mitglied meiner Commission, Senator Dr. Oven, einen sehr gescheiten Mann und guten Juristen. So habe ich Dir nun ein Resumé meines hiesigen Lebens geliefert. Das alles wäre gut, wenn nur 1. das Wetter nicht so entsetzlich düster neblicht wäre; 2. wenn ich mich nicht so nach Dir sehnen würde; 3. wenn ich nicht von meinen lieben Kindern entfernt wäre; 4. wenn ich nicht bei allen Ehren und Aufmerksamkeiten, die mir zu Theil werden, in meinem Innern als 60jähriger erfahrener Mann das Liedlein summen würde: „Das alles, meine Süssen, ist mir schon einmal geschehen!" und zwar nicht erst einmal, sondern schon vielemale, so dass ich wirklich nicht mehr darauf anstehe. Alle diese Factoren zusammen genommen, werden mir den Tag meiner Rückkehr zu einem Freudentag machen." . . . . . .

. . . .

Im folgenden Frühjahre trat die Commission nochmals in Frankfurt am Main zusammen, um ihre Sitzungen fortzusetzen und den entstandenen Gesetzentwurf dem Bundestage vorzulegen, welcher ihn genehmigte. Vesque verband mit dieser Mission zugleich einen Ausflug nach Belgien und Paris.

In den folgenden Jahren wandte sich Vesque wieder der Composition zu; es entstanden viele nicht im Druck erschienene Lieder, wie „Die drei Sonnen" von Chamisso, „Der Fischer" von Goethe u. a. Sechs Duette erschienen 1866; sechs vierbändige Märsche 1868.

Im Ministerium häuften sich die Geschäfte, so dass Vesque oft zehn Stunden des Tages darin arbeitete und mehrere Departements zugleich zu führen hatte, bis im Frühjahr 1866 die Gicht ihn monatelang an's Krankenlager fesselte.

In demselben Jahre wurde er in den Freiherrnstand erhoben.

Ein zweimonatlicher Aufenthalt in Egypten verschönte noch den Herbst seines Lebens. Den Anlass dazu boten die Vorbereitungen zur Einsetzung internationaler Gerichte in Egypten, durch welche die europäische Consulargerichtsbarkeit ausser Wirksamkeit gesetzt werden sollte. Zur Feststellung des Wirkungskreises dieser Gerichte und zur Prüfung der Gesetze, welche diese Gerichte anwenden sollten, trat eine europäische Commission zusammen, an welcher Vesque als Vertreter Oesterreich's theilnahm.

Im Jahre 1872 zog sich Vesque am Schlusse seines 45. Dienstjahres als Sectionschef, dessen Functionen er auch längst erfüllt hatte, aus dem Staatsdienst zurück und behielt nur das Präsidium über die Diplomaten - Prüfungs - Commission und der juridischen Prüfungen in der orientalischen Akademie noch durch einige Jahre bei. 1873 war er Mitglied der kaiserlichen Commission und Delegirter der internationalen Jury während der Wiener Weltausstellung; doch wurde seine Thätigkeit durch eine acute Lungenentzündung unterbrochen.

Seine lebhafte Theilnahme an allen musikalischen Bestrebungen veranlasste ihn, die Wahl in den Directionsrath der komischen Oper im Jahre 1873 anzunehmen, welche Stellung er jedoch nach kurzer Zeit wieder aufgab.

Bis zu seinen letzten Lebensjahren wurde Vesque mit Auszeichnungen überhäuft; so erlangte er im Jahre 1879 die Würde eines Geheimen Rathes. Einige Jahre vorher in das Herrenhaus berufen, in welchem er sich der Verfassungspartei anschloss, ist es ihm nur kurz vergönnt gewesen, an der parlamentarischen Thätigkeit theilzunehmen. Eine schwere Krankheit raubte ihm das Gedächtniss und langsam umnachtete sich dieser helle Geist.

Noch suchte er in der ihm auferlegten Unthätigkeit Trost in r Musik. Bald verstummten auch diese Saiten und er erkannte ne eigenen Lieder nicht mehr.

Seine klare heitere Seele ging friedlich zur Ruhe zu Wien

am 29. October 1883.

Verzeichniss von J. Hoven's musikalischen Werken.

Im Druck erschienene Compositionen:*

- op. 1. XII Ländler für das Pianoforte.
- op. 2. Six Cotillons pour le Pianoforte.
- op. 3. Zwölf Ländler für das Pianoforte.
- op. 4. Cotillons et Galoppade pour le Pianoforte à 4 mains.
- op. 5. Flüchtige Lust, Walzer und Galopp für das Pianoforte.
- op. 6. Balladen, Romanzen und Lieder für eine Singstimme mit Pianoforte. 3 Hefte.
- op. 7. \
- op. 8. / *Der Tänzer, Gedicht von Heine, für eine Singstimme mit Pianoforte.
- op. 9. *Träume, 3 Gedichte von Heine: Mir träumte, traurig schaute der Mond; Im Traum sah ich die Geliebte; Wenn ich auf dem Lager liege.
- op. 10. Morgenbild; Ihr Bild; Am Abend; Gedichte von Zerboni für eine Singstimme mit Pianoforte.
- op. 11. *Die zwölfte Stunde, *Gesang der Seejungfern, *An ein junges Mädchen, 3 Gedichte von Heine für eine Singstimme mit Pianoforte.
- op. 12. Ximene und Rodrigo, Duett für Sopran und Tenor mit Pianoforte.
- op. 13. Der Doctor und der Patient, komisches Duett für 2 Bässe mit Pianoforte.
- op. 14. Das Weib des Räubers, für eine Singstimme mit Pianoforte.
- op. 15. Mariechen von Zedlitz, Ständchen von Uhland, für eine Singstimme mit Pianoforte.
- op. 16. Die Wonne der Kindheit, von Lengerke, für eine Singstimme mit Flöte oder Violine und Pianoforte. Dasselbe für eine Singstimme mit Pianoforte allein.
- op. 17. Einst und Jetzt, von Lenau, für eine Singstimme mit Pianoforte, Waldhorn oder Violoncell.
- op. 18. Das Schifflein, von Uhland, für eine Singstimme mit Pianoforte, Flöte und Horn.
  Trois Romances: Nr. 1 La dame sans merçi; Nr. 2 Enfant prions; Nr. 3 Il reviendra.
- op. 19. Allegro pour le Pianoforte.

* Anmerkung: Die mit * bezeichneten Lieder sind in der „Heimkehr" aufgenommen.

op. 20. Drei Quartette für Männerstimmen mit Pianoforte-Begleitung: Sommernacht; Schiffers Ausfahrt; Ruderlied.
op. 21. *Liebesleiden; Gleichgiltigkeit; das Eine Wort; das Schattenbild; von Heine, für eine Singstimme mit Pianoforte.
op. 22. *Abendbilder: Des Pfarrers Familie; Am Meere; Schlechtes Wetter; von Heine, für eine Singstimme mit Pianoforte.
op. 23. Ombre amene, arietta con accompagnamento di Pianoforte.
op. 24. Ständchen, von Körner, für eine Singstimme mit Pianoforte.
op. 25. Sonntag auf dem Meere, Lied für eine Singstimme mit Begleitung des Pianoforte.
op. 26. Der Säuferkampf, Ballade mit Pianoforte-Begleitung.
op. 27. *Die Rheinfahrt, von Heine, für eine Singstimme mit Pianoforte.
op. 28. Barcarola, für eine Singstimme mit Pianoforte.
op. 29. Phyllis und Tiren, Duett für Sopran und Tenor oder Alt mit Pianoforte.
op. 30. Fünf Gesänge: Liebesgruss; Nächtliche Wallfahrt; Aus der Ferne; Abendkühle; Ich wollte in die Ferne geh'n; für eine Singstimme mit Pianoforte.
op. 31. Curiose Geschichte, von Reinick, für eine Singstimme mit Pianoforte.
op. 32. Der Abendhimmel von Zedlitz, für Tenor oder Baryton mit Pianoforte und Horn oder Cello.
op. 33. Fragen: In den Augen liegt das Herz; Ob ich dich liebe; An Sie; Caroline; für eine Singstimme mit Pianoforte.
op. 34. Erzähle mir, von Frankl, für eine Singstimme mit Pianoforte.
op. 35. Mondfahrt; Wenn ich nur wüsste; Angedenken; für Alt mit Pianoforte.
op. 36. Sterne mit den gold'nen Füsschen; *Das Jägerhaus; Die Bergstimme; Die Geisterinsel; von Heine, für eine Singstimme mit Pianoforte.
op. 37. Jägers Qual, von J. G. Seidl, für eine Singstimme mit Pianoforte und Horn.
op. 38. *Humoristica, von Heine: Die heil. 3 Könige; Militair-Einquartierung vorher und nachher; Der glückliche Mann; Ist mir schon einmal geschehen; Der brave Mann; für eine Singstimme mit Pianoforte.
op. 39. *Die Loreley; Das Bild zu Cöln; Auf den Wolken ruht der Mond; Die Nixen; *Auf der Bastei; *Das Schwesterchen; von Heine, für eine Singstimme mit Pianoforte.
op. 40. Fünf neue Gedichte von Heine: Der Dichter; Der sterbende Almansor; Ketty; Geträumtes Glück; Der scheidende Sommer; für eine Singstimme mit Pianoforte.
op. 41. *Ironische Lieder, von Heine, für eine Singstimme mit Pianoforte: Eine alte Geschichte; Was bedeuten diese Räthsel? Madame, ich liebe Sie; Don Henriquez.
op. 42. Sei Ariette con accompagnamento di Pianoforte.
op. 43. Sechs Gesänge für Alt mit Pianoforte: Es kommt ja von selbst; Bitte; Waldeszauber; Melancholie; Gondellied; Schwanengesang.
op. 44. Mondnacht, von Heine, für eine Singstimme mit Pianoforte.
op. 45. Sechs Lieder für vierstimmigen Männerchor, drei vom Weine, drei von der Jagd.
op. 46. Aus dem neuen Frühling, von Heine; Frühlingsblüthen; Süsses Elend; Wen ich liebe? Ein Meer von blauen Gedanken; Des Waldes Kapellmeister; Königin und Page; für eine Singstimme mit Pianoforte.

op. 47. Sechs Gedichte von Chamisso: Die Müllerin; Der Müllerin Nachbar; Die Sterbende; Katzennatur; Minnedienst; Der Zopf; für eine Singstimme mit Pianoforte. 2 Hefte.
op. 48. Drei Lieder mit Begleitung des Pianoforte: Ständchen (Steyrische Volksweise); Blumentrost; Thautropfen.
op. 49. Sechs Lieder für 4 Männerstimmen: Abendglöcklein; Mondesaufgang; Frühlingslied; Pfingsten; Ständchen; Nächtliche Sehnsucht.
op. 50. Offertorium (Confitebor tibi) für eine Sopranstimme mit obligater Violine und Begleitung des Chors ad libitum; dann 2 Violinen, Viola, Violoncell, Contrabass, 2 Oboen, 2 Fagotti, 2 Waldhörner (oder Pianoforte).
op. 51. Drei Lieder: Die Nacht; Lieblicher Verrath; Scheiden und Meiden; für eine Singstimme mit Pianoforte.
op. 52. Drei Lieder: Die Sägemühle; Die Uhr; Die zwei Gesellen.
op. 53. Sechs zweistimmige Lieder mit Begleitung des Pianoforte.
op. 54. Sechs Lieder: Willkommene Ruhe; Früh Morgens; Herbstlied; Das Königslied; Im Scheiden; Frische Fahrt.
op. 55. Sechs Lieder für Tenor: Die Quelle; Mein Herz und deine Stimme; Ich will dir nimmer sagen; Ruhe bei Ihr; Warum ich liebe.
op. 56. Sechs Lieder: Fichtenbaum und Palme; Die Sonne sank; Verstohlen geht der Mond auf; An ein Rosenknöspchen; Warnung; Nachts im Walde.
op. 57. Lieder frommer Stimmung: Weihnachten; Ich komme nach; Im Grase.
op. 58. Sechs Märsche für das Pianoforte zu 4 Händen.
Die Heimkehr. 88 Gedichte aus H. Heine's Reisebildern.
Turandot, Prinzessin von Schiras. Grosse Oper in zwei Acten.
Johanna d'Arc. Romantische Oper in drei Aufzügen.
Liebeszauber. Romantische Oper in vier Aufzügen.
Ein Abenteuer Carl des II. Komische Oper in einem Aufzug.

Nicht im Druck erschienene Compositionen:

Elena ossia la donna del Lago. Italienische Oper in zwei Aufzügen.
Burg Thaya. Romantische Oper in drei Aufzügen. Text von Anton Ritter von Perger.
Der lustige Rath. Komische Oper in zwei Aufzügen. Text von Mosenthal.
Lips Tullian oder die Ente. Komische Oper in einem Aufzug. Text von Mosenthal.
Messe Nr. 1 in D-dur; aufgeführt den 18. Mai 1845, Juni 1852, October 1860 in der Hofkapelle in Wien u. a. O.
Messe Nr. 2 in Es-Dur; zuerst aufgeführt im Dom zu Salzburg den 23. August 1852; dann in der Hofkapelle in Wien u. a. O.
Graduale (felix es) für 4 Singstimmen, 2 Oboen und 2 Fagotte: aufgeführt in der Minoritenkirche 1855.
Offertorium (beate es virgo Maria) für Chor und Orchester; aufgeführt in der Schottenkirche u. a. O.
Quartett für Streichinstrumente, Nr. 1, in C-dur.

Quartett für Streichinstrumente, Nr. 2, in H-moll; aufgeführt bei Hellmesberger 1852.
Quartett für Streichinstrumente, Nr. 3, in D-dur.
Concordialied für Männerchor.
Wer ist ein Mann? Männerchor; Text von Castelli.
Supiritum Marsch. Gnomenmarsch.
4 Märsche für das Pianoforte zu 4 Händen.
Harald, grande Symphonie par Hector Berlioz; arrangement pour le Pianoforte à 4 mains.
Variationen zu 2 Händen über den Jagdchor aus der Euryanthe.

Unter den nicht im Druck erschienenen Liedern:

Greisengefühle. Sechs Gesänge für eine Singstimme mit Clavierbegleitung.
Der Fischer, von Goethe.
Am Theetisch, Gedicht von Heine.
Der Unverbesserliche, } Gedichte von Uhland.
Abreise.
Der Handschuh, Ballade von Schiller.

BIBLIOBAZAAR

The essential book market!

Did you know that you can get any of our titles in our trademark **EasyRead**[TM] print format? **EasyRead**[TM] provides readers with a larger than average typeface, for a reading experience that's easier on the eyes.

Did you know that we have an ever-growing collection of books in many languages?

Order online:
www.bibliobazaar.com

Or to exclusively browse our **EasyRead**[TM] collection:
www.bibliogrande.com

At BiblioBazaar, we aim to make knowledge more accessible by making thousands of titles available to you – quickly and affordably.

Contact us:
BiblioBazaar
PO Box 21206
Charleston, SC 29413

CPSIA information can be obtained at www.ICGtesting.com
Printed in the USA
BVOW071357060212

282282BV00008B/7/P